THORSTEN WEISS

Spirituelles Geldbewusstsein

Öffne dich für Wohlstand und Überfluss

Schirner
Verlag

Haftungsausschluss

Die in diesem Buch vorgestellten Übungen und Empfehlungen wurden mit größter Sorgfalt zusammengestellt, um Menschen zu unterstützen. Jedoch können weder die Autoren noch der Verlag Haftung, Garantie oder Gewährleistung für die Anwendung übernehmen. Die Übungen stellen keinen Ersatz für eine professionelle medizinische Hilfe dar. Im Falle ernsthafter Symptome muss ein Arzt aufgesucht werden.
Die Inhalte dieses Buches sind kein Ersatz für medizinische, therapeutische, psychologische oder psychiatrische Behandlungen.

ISBN 978-3-8434-1083-0

Thorsten Weiss:
Spirituelles Geldbewusstsein
Öffne dich für Wohlstand und Überfluss
Copyright © 2012
Schirner Verlag, Darmstadt

Umschlag: Murat Karaçay, Schirner,
unter Verwendung von # 36596340
(jd-photodesign), www.fotolia.de
Redaktion & Satz:
Bastian Rittinghaus, Schirner
Printed by: OURDASdruckt!, Celle, Germany

www.schirner.com

1. Auflage September 2012

Inhalt

Vorwort von Siranus Sven von Staden 7

Die spirituelle Dimension von Wohlstand und Überfluss 11

Empfange ein »Geld-Blessing« 16

Was erwartet dich – was kannst du erwarten? 18

Was ist los mit unserer Geld-Welt? 23

Nur du kannst uns retten 27

Akzeptiere es, ein Versager zu sein 30

Die Eintrittskarte für das neue Geldbewusstsein 33

Wohlstandsintelligenz erschaffen 40

Vom Ich zum Selbst – vom Haben zum Sein 44

Dein neues Geldbewusstsein Teil 1 46

Die multidimensionale Seins-Integrations-Übung (MDSI) 61

Nutze alle Möglichkeiten – die passive Integration 64

Dein neues Geldbewusstsein Teil 2 65

Dein neues Geldbewusstsein Teil 3 81

Dein neues Geldbewusstsein Teil 4 98

Dein neues Geldbewusstsein Teil 5 124

Dein neues Geldbewusstsein Teil 6 139

Magnetisierung für Wunder 142

Mein Wundertagebuch 14/

Die kristalline Wohlstandsmatrix 150

Die schnelle Kristallaktivierung 154

Manifestation und Transformation durch die
kristalline Zahlenmatrix..157
0 3 1 3 1 3 2 9 4 6 0 3 – die Zahlenmatrix für Wohlstand
und Überfluss...160
Die schnelle Kristallaktivierung –
Rückverbindung mit der Wohlstandsmatrix.....................163
Öffne dich jetzt für Erfolg..166
Spiritualität und Luxus gehören zusammen.....................174
Mein Erfolgstagebuch..178
Alte Glaubensmuster und überflüssige Geldprogramme.........181
Entdecke deine Glaubensmuster................................. 186
Löse dich aus dem Geldbewusstsein deiner Eltern..............189
Es ist genug da! – Warum dein Dispokredit keinen Sinn ergibt..192
Physiomagie – Vom So-Tun-als-ob hin zum Sein 196
Der Trick mit dem Stempel »Bezahlt – Das Universum«.........207
Der 20-Sekunden-Wohlstandsblick................................211
Das Prinzip der Ganzheit – Der Schlüssel zum Reichtum........215
Gechannelte Antworten auf aktuelle Fragen rund ums Geld....226
Und was kommt jetzt?... 258

Vorwort von Siranus Sven von Staden

Es war bei der Wohlfühlmesse in Gelsenkirchen im Februar 2011, wo ich Thorsten, der mir durch seine Publikationen bereits bekannt war, zum ersten Mal persönlich begegnete. Sein Stand war meinem direkt gegenüber. Ich stellte mich ihm vor und war erstaunt über die Menge an Büchern und CDs, die er bereits hatte. Es war eine sehr angenehme Begegnung, doch irgendetwas stimmte nicht. Kam da nicht gerade Neid in mir auf die große Anzahl seiner Produkte auf? Schließlich hatte ich gerade mal mein erstes Werk im Schirner Verlag veröffentlicht. Zurück an meinem Stand ging ich in mich und stellte fest, dass mein Ego mich geradewegs in die Falle des alten Bewusstseins hatte tappen lassen. Ich atmete ein paarmal tief durch, ging in das Gefühl des neuen Bewusstseins, und alles veränderte sich. Auf einmal war da anstatt des Neids ein Gefühl der Achtung Thorsten gegenüber. Innerhalb von wenigen Sekunden wurde aus dem Mangelgefühl ein Füllegefühl. Cool, so leicht geht das also, dachte ich bei mir.

Ich habe in den vergangenen Jahren viel gelernt. Ich wurde im Mangel geboren, und neben Anerkennung war Geld immer ein Mangelthema. ich wollte immer reich sein, meinen Eltern zeigen, dass es auch anders geht. Dass man nicht nur hart dafür arbeiten muss, wer zu sein und etwas zu haben. »Das Leben ist nicht nur ein Kampf«, schrie es in mir. Doch hatten mich meine kindheitlichen Prägungen so sehr an den Mangel gewöhnt, dass er völlig selbstverständlich war. Bis ich dies eines Tages begriff und begann, in meinem Keller aufzuräumen. Ich transformierte eine mich limitierende Überzeugung nach der anderen, veränderte meine Ängste und entwickelte peu à peu ein neues Bewusstsein für das Leben. Aus Mangel wurde langsam Fülle. Heute lebe ich ein Leben in Fülle in fast allen Bereichen meines Lebens. Genau das kannst du auch. Alles Potenzial hierzu steckt bereits in dir. Lediglich deine Programmierungen sind noch auf »alt« eingestellt. Für die Neujustierung deiner Programme ist dieses Buch eine wunderbare Unterstützung.

»Aber Geld ist doch nicht so wichtig«, höre ich dich laut denken. Okay, das mag deine Wahrheit sein. Und sie stimmt absolut. Doch

ist es nicht verwunderlich, dass dich diese Wahrheit ständig pleite sein lässt? Bist du zufrieden damit, dass du gerade mal deine Miete und deinen Lebensunterhalt bestreiten kannst? Wenn das so ist, dann brauchst du nicht weiterzulesen. Doch liest du dieses Buch von Thorsten ja sicher nicht, um weiterhin da zu sein, wo du gerade stehst. Ich möchte dir an einem Beispiel die Wirkung dieser Überzeugung aufzeigen: Hast Du eine Partnerin oder einen Partner? Wenn nicht, gab es sicher mal eine Zeit, in der du in einer Beziehung warst. Stell dir vor, du kommst abends von der Arbeit nach Hause und teilst deinem Partner mit, dass er dir nicht so wichtig ist. Was würde passieren? Richtig, er würde wahrscheinlich seine Koffer packen. Und genau das tut das

Geld auch, es glänzt durch Abwesenheit. Vielleicht möchtest du also diesen Satz »Geld ist nicht so wichtig« noch einmal überdenken.

Mir ist Geld sehr wohl wichtig. Neben meiner Arbeit, in der ich sehr viele Menschen dabei unterstütze, ein erfülltes Leben zu führen, möchte ich auch etwas für die Gleichberechtigung in der Welt tun, indem ich Hilfsprojekte unterstütze. Da ich selbst nicht die Zeit habe, vor Ort zu sein, gebe ich sehr gern Geld. Geld, das direkt und zu 100 % dort ankommt, wo es gebraucht wird. Und je mehr Geld ich habe, desto mehr kann ich spenden. Einfach wunderbar. Ich liebe Geld. Außerdem führt viel Geld dazu, dass ich finanziell frei sein kann. Nicht finanziell unabhängig, was die meisten sich wünschen. Nein, finanziell frei. Der Unterschied ist ganz einfach: Wenn ich finanziell unabhängig bin, kann ich meine Miete zahlen, Rechnungen begleichen, habe einen ganz guten Lebensstandard, fahre in Urlaub usw. Doch finanziell frei zu sein, geht deutlich weiter. Ich kann tun und lassen, was ich will. Und genau das tue ich heute. Dachte ich bis vor einem Jahr noch, dass ich dazu Millionär sein muss, weiß ich heute, dass das Quatsch ist. Ich bin kein Millionär und trotzdem finanziell frei.

Ist es nicht auch dein Wunsch, tun und lassen zu können, was du willst? Und dir dabei keine Gedanken darüber machen zu müssen, wie das alles machbar ist? Ein Leben in Fülle zu führen, ganz egal, ob gesundheitlich, in deiner Partnerschaft, beruflich, finanziell oder spirituell? Wenn deine Antwort »Ja« ist, dann hast du jetzt ein sehr gutes

Buch in deiner Hand, das dir genau das ermöglicht. Fülle ist unser Geburtsrecht. Und es wird allmählich Zeit, dass wir dieses Recht wieder in Anspruch nehmen. Thorsten arbeitet in diesem Buch gemeinsam mit dir sehr intensiv daran, dein Bewusstsein immer mehr von Mangel auf Fülle zu verändern. Denn erst eine Neuausrichtung vom alten in das neue Bewusstsein ermöglicht es dir, mit Leichtigkeit reich zu werden, in allen Bereichen des Lebens, nicht nur finanziell. Folge seinen Worten, und lasse diesen vor allem Handlungen folgen. Führe die Übungen durch. Lies nicht einfach weiter. Die reichsten und gleichzeitig zufriedensten Menschen dieser Welt – und das sind gerade einmal 3 % der Reichen – tun eines immer wieder: Sie handeln. Und glaube nicht, dass sie nicht auch Ängste und Zweifel haben. Doch, die haben sie, aber sie handeln trotz Ängsten und Zweifeln.

Viel Freude beim Lesen und vor allem auf deinem Weg der Veränderung hin zu einem erfüllten Leben wünsche ich dir.

Von Herzen

Siranus Sven von Staden
Autor, Vortragsredner und Life-Coach für die neue Zeit

Die spirituelle Dimension von Wohlstand und Überfluss

Während ich diese Zeilen schreibe, ist eine ganz besondere Energie anwesend. Dieser Text entspringt also nicht nur meinem Verstand, sondern enthält auch sehr viel Energie aus einer höheren Dimension. Viele Teile dieses Buches stammen natürlich aus der Quelle eines menschlichen Geistes. Ich teile viele meiner persönlichen Erfahrungen mit dir, und ich bin dir sehr dankbar, dass du mir zuhörst. Andere Teile dieses Buches würden wir als »gechanneltes Wissen« bezeichnen. Sie kommen also aus einer höheren Intelligenz, die in meinem Inneren lebt. Doch sie lebt nicht nur in mir, sondern auch in dir. Diese Intelligenz hat überhaupt erst dafür gesorgt, dass wir uns hier treffen. Meine und deine Energie vermischen sich, und daraus kann wiederum etwas Neues entstehen. Neben uns ist aber noch viel mehr präsent. Vielleicht würdest du es als Geist- oder Lichtwesen bezeichnen. Diese Intelligenz, mit der du in diesem Buch in Kontakt kommen wirst, bezeichnet sich selbst als die »Meisterinnen und Meister der 12. Dimension«. Vielleicht tut sie dies ausschließlich, damit du dich mit deinem spirituellen Bewusstsein für das Höhere in ihr öffnest. Und doch weiß ich, dass es dieser Intelligenz viel lieber wäre, du würdest sie als einen Teil von dir selbst identifizieren. Denn dann käme das Wissen nicht von einer Quelle im Außen, sondern entspränge deiner eigenen Kraft als Meisterin, als Meister des Lebens. Mit dem alltäglichen Umgang mit Geld haben diese Geistwesen keine »echte« Erfahrung in dem Sinne, wie wir Menschen sie gemacht haben. Und doch können sie viel Weisheit im Umgang und vor allem bei der Schöpfung von Geld mit dir teilen. Denn Geld ist nichts anderes als eine spezifische Energie. Und im Umgang mit Energien ist diese Intelligenz meisterhaft!

Während du dieses Buch also liest, wird die Energie des Überfließens aus ihrer Dimension für dich bereitstehen, sodass du ganz leicht in ihr Feld eintreten kannst. Du kannst mit dieser neuen Energie viel leichter das erschaffen, was du benötigst, um jeden Moment deines Lebens zu einem großartigen Fest werden zu lassen. Natürlich ist dafür nicht nur Geld notwendig, und deswegen kannst du jeden anderen Begriff wählen: Gesundheit, Liebe, Nahrung, Kreativität oder Zeit für dich selbst, um nur einige der unerschöpflichen Möglichkeiten zu nennen, wofür Geld oder Wertbewusstsein steht.

In jedem Moment, in dem du in dieses Buch eintauchst, vertieft sich deine Kraft der Manifestation, und diese wird dich dabei unterstützen, dein spirituelles Geldbewusstsein zu erweitern.

Immer wenn du in diesem Buch liest, wirst du neue Möglichkeiten entdecken. Das liegt daran, dass du jedes Mal in einem anderen Schwingungsfeld bist, denn das nächste Mal wirst du in deinem Bewusstsein bereits wieder einen Schritt weiter sein. Es hat sich erweitert, und deine Kraft der Manifestation hat sich verstärkt. Du liest also mit einem ganz neuen Gewahrsein. Deswegen an dieser Stelle meine Empfehlung: Lies dieses Buch immer wieder!

Die Kunst der Manifestation von Geld und allen anderen »Energieformen« zu erlernen, erfordert von dir absolute Offenheit für neue Wege. Absolute Bereitschaft, Dinge zu tun, die du vielleicht schon viele Male getan hast oder noch nie. Die Frage, die du dir stellen musst, wenn du am Erfolg der Methoden zweifelst, ist: Warum hast du noch nicht das erreicht, was du eigentlich immer wolltest? Könnte die Antwort sein, dass du noch nicht das getan hast, was für dich persönlich genau das Richtige ist?

Bitte nimm dir die Zeit, zu üben, sodass du gut darin wirst, dir jede Menge Gesundheit, Geld und Überfluss in allen Bereichen deines Lebens zu erschaffen. Ich möchte in diesem Buch nicht nur Wissen und Weisheiten mit dir teilen. Theoretisches Wissen hast du wahrscheinlich schon genug angesammelt, und es ist an der Zeit, zur Praxis überzugehen. Mit den in diesem Buch enthaltenen Übungen bekommst du viele Möglichkeiten, über den Tellerrand zu schauen und zu erfahren, was es bedeutet, in ein neues, spirituelles Geldbewusstsein einzutauchen. Jede Übung in diesem Buch enthält eine ganze Menge an Energie, Informationen und bewusstseinsverändernder Kraft, mit der du verschmelzen kannst. Du wirst mit Affirmationen, Übungen und Meditationen arbeiten, und du wirst vor allem eins tun: spielen!

Die Meisterinnen und Meister der 12. Dimension werden dich, wenn du das möchtest, das ganze Buch über mit ihrer kristallinen Kraft begleiten und dir das höchste spirituelle Geldbewusstsein als Energie-Quantenfeld zur Verfügung stellen. Du wirst lernen, dich zu einem starken Magneten für Geld zu machen. Du wirst nicht mehr dem Geld hinterherlaufen müssen, sondern das Geld wird zu dir kommen. Stelle dir vor, dass du dich in deinem Leben vollkommen auf den Ausdruck der in dir wartenden Kreativität konzentrieren kannst und du zukünftig nur noch die Dinge machst, die dir echte Freude bereiten. Das Leben ist nicht dazu gedacht, Geld und Reichtum zu produzieren, sondern dazu, dich selbst in deiner großartigen Einzigartigkeit zu entdecken, wodurch Geld und Reichtum automatisch da sein werden.

Ja, Geld wird immer da sein. Mehr als du brauchst. Das müssen nicht Millionen sein, das entscheidest du selbst. Denn das alte Konzept von Geld, das mit Gier zu tun hatte, hat ausgedient. Du wirst erkennen, dass es viel wichtiger ist, dass du dich entfalten und dein wahres Selbst entdecken kannst. Daraus entstehen dann die Quelle für Überfluss, das Gewahrsein und die Erfahrung des Überfließens in allen Bereichen deines Lebens. Daraus entsteht der Magnetismus für mehr, als du wirklich brauchst. Das Leben wird dann zu dem, wonach du dich schon so lange sehnst.

Ich möchte dich ermutigen, dieses Prinzip mithilfe dieses Buches in die Praxis umzusetzen und somit ein erfüllendes, harmonisches und von Überfluss geprägtes Leben zu leben. Bitte entscheide stets selbst, was du von dem, was du hier liest, als für dich »richtig« ansiehst. Akzeptiere nur die Ideen und Ansichten, die sich für dich vollkommen stimmig anfühlen.

Empfange ein »Geld-Blessing«

J etzt kannst du dich erst einmal für kurze Zeit zurücklehnen und atmen. Atmen wird ein wichtiger Teil aller Übungen in diesem Buch sein, denn immer, wenn du bewusst atmest, verbindest du dich mit der Quelle deines Bewusstseins. Du benötigst dafür keine besondere Technik. Atme einfach ruhig und ganz bewusst ein und aus. Das allein öffnet dir bereits den Zugang zu vielen Ressourcen. Lege also gleich das Buch zur Seite, und atme. Atme, und empfange die Segnungen der Meisterinnen und Meister der 12. Dimension. Atme, und visualisiere, was es für dich bedeutet, im Überfluss zu sein. Sieh dich umgeben von all dem, was du brauchst, und von noch viel mehr, und spüre, wie dich ein »Geld-Blessing« erreicht. Das »Geld-Blessing« ist eine ganz spezifische Energie, die sich in deiner DNS einnistet. Öffne also jede Zelle deines Körpers dafür, dass die kristalline Kraft von Wohlstand und Überfluss deine genetische und deine spirituelle DNS anfüllt. Schließe jetzt für mindestens 5 Minuten deine Augen, und sei offen dafür, dieses »Geld-Blessing« zu empfangen und anzunehmen.

Was erwartet dich – was kannst du erwarten?

Hast du die Übung auch wirklich gemacht? Oder hast du einfach weitergelesen und gedacht: »Was bringt das schon?« Du solltest wissen, dass dieses Buch eine Anleitung für die Kunst der Manifestation in der neuen Zeit ist. Du wirst darin lernen, zu entdecken, was du erreichen willst. Du wirst Dinge in dein Leben ziehen, die dich erfüllen. Ob diese tatsächlich Geld sein werden oder Chancen, Menschen, Gesundheit, Glücklichsein und andere Wunder, wird sich zeigen. Vielleicht sind es ganz andere Dinge, als du denkst. Wie das geschehen wird, ist völlig egal. Du musst, sollst und darfst dir darüber keine Gedanken machen.

Geld ist Energie, genau wie Licht. Und du bist Licht! Wenn du nun eine Rückverbindung mit der Quelle des Lichts herstellst und du dadurch selbst zur Quelle wirst, dann bist du auch selbst die Quelle deines

Wohlstandes. Denn welche Form die Energie annimmt, ist letztlich egal. Stelle dir einen überfließenden Brunnen vor. Du bist dieser Brunnen, aus dem der Geldfluss strömt.

Du wirst bei der Arbeit mit diesem Buch erleben, wie du mit immer fortgeschritteneren spirituellen Techniken der Manifestation die Kraft des Magnetismus nutzen kannst, um Dinge auf die schnellste und einfachste Weise in dein Leben zu ziehen. Du wirst auch an den sabotierenden Mustern in deinem Unterbewusstsein arbeiten, die dich bislang von einem spirituellen Geldbewusstsein abgehalten haben. Sie entstehen leicht: Du bist eine spirituell entwickelte Person, und du weißt das. Möglicherweise hattest du in deiner Vergangenheit oft direkte oder indirekte Berührung mit dem Machteinfluss der Geldwelt und hast dich dann bewusst oder unbewusst dazu entschieden, dich ganz vom System Geld abtrennen zu wollen.

Du wirst auch ein paar ganz simple Energietechniken lernen, mithilfe derer du endlich deinen Traumjob ausüben kannst oder deine Lebensaufgabe findest, sodass du das tun kannst, was du wirklich liebst.

Du wirst dir auch ansehen, wie du den Geldfluss, wenn er in deinem Leben ist, aufrechterhalten kannst. Wie schaffst du es, dass stets mehr Geld reinkommt als rausgeht? Du wirst lernen, Freude, Frieden und Harmonie zu erlangen. Du wirst lernen, dich im Flow deines Geldes auf neue Weise selbst zu lieben und Geld auf integre Weise zu vervielfältigen. Und das Wunderbare ist: Geld steht dabei als Synonym für alles, was du noch erlangen möchtest. Du kannst die Prinzipien dieses Buches also auch getrost anwenden, wenn du tiefsinnige Freundschaften erleben oder Heilung erfahren möchtest.

Viele Einsichten werden dein Bewusstsein erweitern und deine DNS neu programmieren. Die Energie, die du hinter den Worten finden kannst, wird dich in einen ruhigen und entspannten Zustand führen, und du kannst aus diesem heraus die konditionierten Denkmuster über Geld, Wohlstand und Reichtum tief in deinem Unterbewusstsein und deinem neurobiologischen System verändern. Die spirituelle Kraft der Meister der 12. Dimension wird dich dabei begleiten und transformieren, sodass du deinen Magneten für Wohlstand aktivieren kannst.

Natürlich werden wir auch mit vielen sogenannten Transfirmationen arbeiten. Diese sind mehr als reine, zweidimensionale Affirmationen, denn sie enthalten nicht nur eine Information, sondern auch Energie.

Jede Transfirmation aus diesem Buch, die du verwendest, transformiert dein Bewusstsein durch ihre Energie auf einer viel tieferen Ebene, als eine bloße Affirmation das könnte. Durch das neue Bewusstsein, das entsteht, die Begleitung der geistigen Welt, das Quantenfeld des spirituellen Geldbewusstseins und die Intention dieses Buches, verbunden mit deiner Absicht, etwas in deinem Verhältnis zu Geld zu verändern, wirst du viel schneller viel tiefer gelangen.

Es ist also mehr als das Prinzip: Gedanken formen Realität. Es ist: Neues, spirituelles Geldbewusstsein führt dich in den Superflow! Wenn du die Transfirmationen liebevoll zu dir selbst sprichst und gleichzeitig ganz offen dafür bist, dass die DNS-verändernde Information aus der 12. Dimension in deine Zellen fließt, während du das Echo dieser Transfirmation durch das Universum hallen hörst, wirst du eine neue Wahrheit für dich erschaffen und diese wirklich (er)leben. Sie ist nicht nur eine Information, zu der du vom Verstand her Ja sagst, sondern sie geht viel tiefer, in deine DNS, in deine Meridiane und darüber in deine Organe. Sie bildet neue Synapsen in deinem neurobiologischen System, sie nistet sich in deiner energetischen Struktur ein, und sie erwacht in deiner kristallinen Struktur. Du wirst selbst zur Quelle der Dinge, die du dir wünschst!

Spürst du den Unterschied? Die Meisterinnen und Meister der 12. Dimension öffnen mit ihrer kristallinen Kraft dein Bewusstsein dafür. Und zwar nicht, indem sie dir etwas geben, was du vorher nicht hattest, sondern indem sie dich daran erinnern, dass du dieses Bewusstsein bereits seit deiner Geburt in dir trägst. Du wusstest nur nicht mehr, wo es sich versteckt hatte. Jetzt kann es wieder frei werden, als ob der schlafende Riese in dir erwacht.

Wenn du dieses Bewusstsein entwickelst, wird dich das wieder mit der Weisheit deiner Seele verbinden und mit dem unbegrenzten Universum, sodass dein Leben von Gesundheit, Liebe und Reichtum überfließen wird.

Das Einzige, worum es in diesem Buch also letztlich geht, ist, dein Bewusstsein in dir und damit dein höheres Wissen abzurufen, sodass du den Superflow in deinem Alltag leben und erfahren kannst. Du hast alles in dir!

Es gibt zu diesem Buch auch eine gleichnamige CD, die Hunderte von Transfirmationen enthält, tief greifende und kraftgebende Informationen, die durch ihre Multidimensionalität tief in alle Teile von dir einsinken werden. Mit ihr kannst du noch tiefer in den Übungsteil einsteigen. Du kannst diese CD hören, wann immer du willst: beim Joggen, bei deinen Workouts, bei der Arbeit, beim Kochen, beim Spazierengehen, am Strand, auf der Fahrt zur Arbeit und morgens beim Zähneputzen.

Was ist los mit unserer Geld-Welt?

Die Welt steht kopf. Regierungen suchen händeringend nach Lösungen für die weltweiten Staatspleiten. Jeden Tag hören wir neue Hiobsbotschaften von den Ratingagenturen. Sie stufen die Bonität ganzer Länder herab. Selbst eine Supermacht wie die USA muss sich eingestehen, beinahe pleite zu sein. Die meisten europäischen Staaten sind kurz davor, finanziell zu kollabieren, und kommen zu keiner echten Lösung, obwohl sie verzweifelt danach suchen und monatelang diskutieren. Doch warum ist keine Lösung in Sicht? Warum können selbst die besten Wirtschafts- und Finanzexperten der EU-Kommission und die Bosse des weltweiten Finanzsystems dieses kurz vor dem Kollaps stehende Systems nicht in den Griff bekommen? Weil das sich derzeit global entwickelnde spirituelle Bewusstsein alles verändert.

Bewusstsein ist die »neue Währung« der anbrechenden Zeit.

Die Erde transformiert sich zunehmend selbst, und wir Menschen können anscheinend nicht mehr eingreifen. Wir können Teil der Entwicklung sein, indem wir unser Bewusstsein neu ausrichten und es in den Prozess einbetten und alles annehmen, was kommt.

Wenn wir begreifen, dass diese Zeit eine der spektakulärsten Chancen ist, in ein neues Bewusstsein hineinzuwachsen, die es je gab, dann können wir alle momentanen Krisen lösen und das erreichen, wonach sich die meisten Menschen sehnen: eine friedliche Welt!

Frieden kannst du erleben, indem du dir ein friedliches Umfeld erschaffst, für dessen Aufrechterhaltung du dich verantwortlich fühlst. Verantwortung zu übernehmen, ist einer der großartigsten Impulse für das Bewusstsein. Wenn du den Mut hast, Verantwortung für alles zu übernehmen, was du in deiner Welt erlebst, hältst du den Schlüssel für deine Befreiung in der Hand. Du bist mit einem einzigartigen Plan auf die Erde gekommen und hast dir genau diese Inkarnation ausgesucht, um mit all den Themen, die sich bisher in deinem Leben zeigten und weiter zeigen werden, ins Reine kommen zu können und immer wieder neue Erkenntnisse zu erlangen, die dafür sorgen, dass du Kurskorrekturen vornehmen kannst. Dein Leben in dieser Zeit von Chaos, Veränderung, Transformation und Kollaps zeigt dir jetzt klar, dass nur die Übernahme der vollen Verantwortung dafür dir eine Lösung eröffnen kann.

Warum finden Minister, Kanzler und Präsidenten keine passenden Lösungen? Weil das System, in dem sie leben, völlig veraltet ist. Wer ein System aufrechterhalten möchte, das auf Macht basiert, der findet in der heutigen Zeit keine Lösungen. Wer ein System unterstützen möchte, in dem es ein Opferbewusstsein braucht und das darauf basiert, Angst zu verbreiten, um zu manipulieren, der ist Teil eines Systems, das sich gerade selbst zerstört. Diejenigen, die an ihm festhalten, haben keine Idee davon, was sich in dieser neuen Zeit verändert hat. Alle alten Bewusstseine haben ausgedient, denn sie werden gerade durch ein neues ersetzt. Das Quantenfeld, in dem wir uns alle befinden, revolutioniert das sich selbst entwickelnde höchste menschliche Bewusstsein gerade. Beinahe unmerklich und nicht erklärbar schleicht sich eine energetische Veränderung in unser Leben ein, die es untersagt, dass wir das alte Bewusstsein weiterleben. Machtbewusstsein, Angstbewusstsein, Opferbewusstsein und Schuldbewusstsein können immer weniger gelebt werden, und die sich verändernden Energien, die auf unsere Erde einfließen, fordern alle Menschen auf, umzudenken. Wir können uns nicht mehr dagegen wehren, dass Veränderungen geschehen. Die bevorstehende Evolution des menschlichen Bewusstseins fordert das. Wir sind da nicht irgendeinem Plan außerirdischer Wesen oder dem Schlag eines strafenden Gottes ausgesetzt. Nein, wir als Menschheit wollten diese Veränderung. Denn sie ist der einzige Weg in das goldene Zeitalter, von dem wir alle träumen. Das Einzige, was uns bleibt, ist, ein völlig neues Paradigma zu entwickeln, um Wertschätzung und Anerkennung zum Ausdruck zu bringen. Geld ist in unserer Gesellschaft momentan das Mittel dafür, Wert beizumessen und auszutauschen. Nicht das Geld an sich ist also »schlecht«, sondern das konditionierte Bewusstsein, die schlechten Eigenschaften, die wir ihm zuschreiben, die Gier und ein völlig veraltetes Glaubenssystem machen es dazu. Für mich ist Geld nur ein Ausdruck von Energie und schönes buntes Papier, das uns einlädt, damit zu spielen, es zu lieben und als ein Kunstwerk anzusehen, das uns Millionen von Möglichkeiten bietet, unsere Träume zu erfüllen. Geld ist für mich der Ausdruck von Dankbarkeit und Wertschätzung. Doch die meisten Menschen projizieren in das Geld etwas, wozu wir es gemacht haben: ein Machtinstrument, den Ausdruck von Gier und ein betrügerisches System. Doch dieses Geldbewusstsein ist völlig veraltet und muss verändert werden.

Eine Frage, die sich viele Menschen gerade stellen, lautet: »Wie lange gibt es den Euro noch?« Viele wünschen sich die gute alte D-Mark, den Schilling, den Gulden, die Lira oder den Franc zurück. Aber auch das würde nichts ändern, denn so einfach ist es diesmal nicht. Mit dem Dollar und dem Yen sieht es nicht besser aus. Selbst der sonst so stabil geglaubte Schweizer Franken wackelt, und so zieht es sich durch das gesamte System – überall auf dem Planeten.

Es scheint wohl nicht so, als ob es eine Lösung gibt, die innerhalb des bestehenden Systems zu finden ist. Doch wo können wir sie finden? Meiner Meinung nach können wir diese Frage nur beantworten, indem wir bei den Menschen die Lösung suchen, die einen erwachten Geist haben und in Dankbarkeit und dem Bewusstsein der Liebe leben und handeln, das völlig befreit ist vom Streben nach Macht und Manipulation, frei von Schuld(en), der Opfer-Mentalität und Angst vor dem Kollaps.

Nur du kannst uns retten

Für ein neues Geldbewusstsein braucht es also Menschen, die auf einer höheren Ebene denken, und nicht diejenigen, die jetzt protestierend durch die Straßen ziehen. Denn Protest ist Schuldzuweisung, und Schuld ist ein altes Konzept. Für ein neues Geldbewusstsein musst du Verantwortung übernehmen – für dich und für dein Leben. Du musst wissen, dass es nicht der Staat, die Politik oder die Banken sind, die uns diese scheinbare Krise erleben lassen, sondern du allein dir dein Leben auf diese Weise erschaffen hast. Nicht deine Eltern, nicht deine Umgebung, kein anderer auf dieser Welt, sondern nur du selbst hast das kreiert, was du erlebst. In Bezug auf Geld genauso wie in Bezug auf alles andere. Wenn du den Mut hast, diese Verantwortung zu übernehmen, dann entwickelt sich dadurch ein Kraftpotenzial, das es dir erlaubt, vollkommen dein wahres Selbst zu leben und nicht mehr von Systemen abhängig zu sein, die dir nicht dienen, sondern dich ausnehmen wollen. Du wandelst dich vom Opfer zum Manager deines Lebens. Du besteigst wieder deinen Thron und hältst das Zepter in der Hand. Wenn jeder auf diese Weise leben würde, dann wären wir wieder im Einklang mit dieser Zeit und der uns umgebenden Energie. Dann nutztest du alle Ressourcen, die dir zur Verfügung stehen, und wärst ein essenzieller Teil einer sich verändernden Gesellschaft, die sich verantwortungsvoll auf das Bewusstsein dieser Zeit eingelassen hätte.

Auf der Suche nach der Lösung bedarf es dann keiner Expertenkommissionen mehr. Wenn du dich für das neue, spirituelle Geldbewusstsein öffnest und somit Teil einer globalen Bewegung wirst, die das Bewusstsein auf dem Planeten Erde weiter transformiert, wirst du plötzlich zum Finanzexperten. Keiner, der anderen etwas vorgeben oder sie in irgendeiner Weise manipulieren und steuern will. Sondern einer, der aus seiner vollen Herzenskraft seine eigene Wahrhaftigkeit lebt und durch diese eine Welle von Bewusstsein erzeugt, die andere automatisch berührt. Diese Welle wird Teil der Veränderung sein und kann selbst das Finanzsystem auf unserem Planeten in eine neue Ordnung führen. Zur Führungskraft für die neue Zeit wirst du, wenn du nicht führen möchtest, sondern einfach nur bist, wer du bist: ein Mensch, der verantwortungsvoll dafür sorgt, sein wahres Selbst zu leben, und der aus seinem Herzen heraus lebt. Nur diese Form von Energie ist wirklich kreativ und kann zu Lösungen führen. Deine Vergangenheit spielt dabei keine Rolle. Habe den Mut, zu einem Experten für neues, spirituelles Geldbewusstsein zu werden, auch wenn du

Hartz-IV-Empfänger bist oder mitten in einer Privatinsolvenz steckst. Übernimm bitte die volle Verantwortung für diese Lebenssituation, doch wisse auch, dass sie das Ergebnis eines alten Machtbewusstseins ist, das jetzt ausgedient hat. Doch von dem Augenblick an, an dem du beginnst, Verantwortung für dein Leben und deine Situation zu übernehmen, machst du dich völlig unabhängig von diesem System. Du wächst in ein neues, spirituelles Geldbewusstsein hinein, veränderst deine Haltung gegenüber Geld und Macht und transformierst deine Konditionierungen in Bezug auf dieses ausgediente System.

Akzeptiere es, ein Versager zu sein

Ich selbst habe viele Jahre in einem Sumpf von Schulden und Mangel verbracht. Wenn ich heute zurückdenke, sah ich mich selbst als Inbegriff eines Opfers des Lebens. Ich hätte auf meine Visitenkarte »neurotischer Versager« schreiben können. Meine Lehrer bezeichneten mich als faul, ich war träge und hatte keine Ziele. Meine Mutter lehrte mich Selbstzweifel, und daraus entstand die tiefe innere Überzeugung, dass alle anderen Erfolg und Wohlstand mehr verdient hatten als ich. Ich weiß also alles über Misserfolg, Versagens- und Verlustängste und habe mich über Jahrzehnte hinweg in diesem Teufelskreis gedreht. Jeder Versuch, es erfolgreichen Menschen gleichzutun, scheiterte.

Doch in dem Moment, in dem ich Verantwortung für mich und diese selbst kreierte Misere übernahm, konnte ich sagen: »Mami, ich liebe dich, und ich bin dankbar für alle Erfahrungen, die ich durch dein Verhalten machen konnte. Ich habe dich als meine Mutter gewählt. Liebe Lehrer, liebe Menschen, liebe alle, die ihr mir immer wieder gespiegelt habt, ein Versager, ein Nichts, ein Opfer des Lebens, ein Loser zu sein, ich danke euch für diese Erfahrung, denn sie hat mich zu meiner Kraft zurückgeführt.«

Ich wünsche dir so sehr, dass du auch diese Freiheit erleben kannst, die es mit sich bringt, deine komplette Vergangenheit in ihrer Vollkommenheit anzunehmen. Du bist nicht dazu verdammt, bis in alle Ewigkeit die Bürden und Lasten dieses alten Bewusstseins mit dir herumzuschleppen. Du kannst sie jetzt, in den kommenden Wochen, loslassen. Die Zeit, in der du dieses Buch liest, ist geradezu ideal dazu. Es wurde dazu erschaffen, dir die Möglichkeit zu geben, wie in einem Schnelldurchlauf die letzten Reste des alten Systems abzuschütteln, sodass du den Übergang in das Goldene Zeitalter völlig befreit erleben kannst. Schauen wir uns dazu zuerst die Evolution der Seele und des Lebens einmal genauer an.

Ich bin mir sicher, dass du eine alte Seele bist. Denn wärst du eines dieser leuchtenden jungen Dinger, würdest du dieses Buch nicht lesen. Jemand, der nicht die ganzen Erfahrungen einer langen Vergangenheit trägt, interessiert sich nicht dafür. Er geht nicht in Resonanz. Doch da du eine alte Seele bist und viele Erfahrungen Hunderter oder sogar Tausender Leben in deinem Wissensspeicher gesammelt hast, siehst du dich einer ganz besonderen Veränderung gegenüber. Denn wer so viel Wissen, Erfahrungen und Traumata angesammelt hat und immer noch im alten Bewusstsein von Karma und Wiedergeburt festhängt, muss sich erst aus diesem alten Glaubenskonzept befreien. Doch auf die Weise, die dich die Religionen lehren, kannst du dich nicht aus ihm lösen. Nicht, solange diese auf ein Schuldbewusstsein aufgebaut sind und Buße von dir fordern, um dich reinzuwaschen. Du kannst nicht frei sein und Frieden erschaffen, wenn du in einem manipulativen System eingesperrt bist, das dir Bedingungen dafür stellt, wieder ein freier Mensch zu sein. Du kannst dich nicht von Karma befreien, wenn du in einem Glaubenskonzept bleibst, dessen Bestandteil es ist. Die allgemeine Anschauung von Karma lehrt uns, dass wir ein Leben nach dem anderen gelebt haben. Haben wir das eine Leben beendet und allerlei dummes Zeug gemacht, sind wir im nächsten Leben dazu verdammt, es wiedergutzumachen. Haben wir in einem Leben in einer ganz bestimmten Konstellation gelebt, begegnet sie uns in jedem Leben aufs Neue. Das ist tatsächlich wahr – solange du dieses

Glaubenssystem lebst. Aber es ist nicht mehr wahr, wenn du es verlassen hast. Die Frage ist: Welche Entscheidung möchtest du heute treffen? Möchtest du weiter in einem scheinbar niemals endenden Zyklus von Abhängigkeiten bleiben? Oder möchtest du jetzt Verantwortung übernehmen und dieses alte System verlassen? Möchtest du weiterhin ein Opfer deiner Familie, deiner Inkarnationen, deines Glaubens, deiner Paradigmen, deiner Glaubenskonditionierungen sein? Oder bist du bereit, jetzt die Energie der Zeit zu nutzen und den Schritt in ein neues Bewusstsein zu wagen?

Die Eintrittskarte für das neue Geldbewusstsein

Stelle dir vor, du würdest momentan dein Leben Nummer 3867 leben. Wenn wir deine Evolution auf einer Zeitlinie betrachten würden, hättest du also davor das Leben Nummer 3866 und davor das Leben Nummer 3865 gelebt. Diese Zeitlinie kannst du im Geiste weiterführen und dir möglicherweise vorstellen, wie lang sie bereits ist und wie viel deine Seele in dieser Zeit erlebt haben muss. Manche Leben waren vielleicht nur ganz kurz, weil du bereits als Kind gestorben bist, andere wiederum waren länger, und du hast dir viel Zeit genommen, sie zu erforschen. Nehmen wir mal ein durchschnittliches Alter von 40 Jahren an und multiplizieren dieses mit 3867 Leben. Wird dir bewusst, was eine alte Seele wie du alles erlebt haben muss? Über 154 680 Jahre gesammelte Erfahrungen! Und immer wieder hast du dich tiefer in deinem eigenen Sumpf eingegraben. Und dann kam irgendwann der Glauben hinzu, dass dies alles nicht freiwillig geschah, sondern du dich im Kreislauf des Karmas drehtest. Jahrtausendelang wurde diese Ideologie in deinem Energiesystem gespeichert. Und nun geschieht etwas ganz Besonderes, denn der Kreislauf geht zu Ende. Die neue Zeit bringt uns allen die Chance, aus diesem alten Glaubenssystem auszusteigen. Ich werde dir dazu später eine kleine Übung zeigen, doch vorher möchte ich mit dir noch eine Frage klären: Erlebst du deine Leben freiwillig, oder bist du das Opfer eines groß angelegten Komplotts? Schaue dir einmal diese Grafik an:

Leben 3865   Planung   Leben 3866   Planung

Ich möchte im Zusammenhang dieses Buches nur kurz darauf eingehen, denn es geht nur darum, dass du das Prinzip verstehst, das dich wieder in deine Freiheit führen wird. Nach meinem Verständnis beenden wir das eine Leben und gehen dann wieder zurück an den Ort, an dem alle Leben begannen und geplant wurden. Wo alle kristallinen Informationen vorhanden sind und dein höchstes Bewusstsein verankert ist. Dieses höchste Bewusstsein hat den Überblick über alle 3866 Leben, und es handelt letztlich nur danach, was deine letzten Intentionen und Ideen auf der Erde im Leben Nummer 3866 waren. Und daran richtet es sich wieder aus, wenn es darum geht, das Leben Nummer 3867 zu planen. Du erkundigst dich nach möglichen Weggefährten und legst an diesem Ort eine große Marketingkampagne an. Deine engsten Vertrauten hast du sowieso bei dir, denn im Kreislauf des Karmas hast du dich schon eine lange Zeit immer wieder mit denselben anderen Bewusstseinen verabredet. Folglich gab es niemals zufällige Begegnungen auf der Erde. Alle deine Schlüsselerfahrungen waren Teil eines von dir selbst initiierten Plans für das anstehende Leben. Mache dir nun bitte bewusst, was für eine Kraft dir diese Anschauung verleiht. Merkst du, wie du dadurch von der Position des Opfers des Lebens in eine des Managers kommst? Wie viel mehr Kraft dir dieses Konzept gibt? Ich bitte dich, genau hinzufühlen, wie viel Wahrheit für dich darin steckt. Je mehr du dich für diese Anschauung öffnen kannst, desto mehr kannst du dein altes Lebensbild, das von Schuld-, Angst-, Opfer- und Karmabewusstsein geprägt war, loslassen, und umso tiefer wirst du diese neue Kraft in dir spüren.

Das Fantastische an der jetzigen Zeit ist, dass das Bewusstsein sich verändern kann und du nicht mehr monatelang in Therapie dafür gehen musst. Du brauchst keine Sitzungen mehr, du bekommst das gerade alles gratis und sofort durch die Energie dieser Zeit. Es ist völlig egal, wann du diese Zeilen liest, es ist jetzt da. Tritt also aus dem alten Bewusstsein hinaus! Wie das geht? Ganz einfach! Triff jetzt die Entscheidung dazu, in die neue Bewusstheit hineingehen zu wollen. In das Bewusstsein der Ganzheit, der Vollkommenheit, ein Bewusstsein ohne Schuld, Karma, Opfersein und Angst. Bist du bereit dazu? Willst du dich jetzt wirklich dazu entscheiden, diesen Schritt raus aus dem selbst erschaffenen Gefängnis hinein in die Kraft unendlicher Möglichkeiten zu gehen? Willst du die Möglichkeiten, die da draußen in deinem persönlichen Leben auf dich warten, ergreifen? Das ist die Eintrittskarte für dein spirituelles Geldbewusstsein, aus diesem alten Bewusstsein hinauszugelangen. Lasse uns noch ein paar Vorbereitungen dafür treffen, und gleich legst du dann das Buch zur Seite und machst die Übung. Versprichst du dir das? Dir selbst, nicht mir! Denn wenn du deinem Geist jetzt diese Hilfestellung anbietest, dann wird er voller Freude und Enthusiasmus alle Konzepte freigeben können, die er bislang festgehalten hat.

Nimm dir eine Tageszeitung, und falte eine Seite auseinander. Lege diese Seite auf den Boden. Die Massenmedien sind für mich der Inbegriff von altem Bewusstsein, das auf Karma, Schuld, Macht, Angst und Opfersein basiert. Du erschaffst dir mit der Zeitungsseite also eine für deinen Geist gut verständliche Repräsentation für diese Denkweise. Dann nimmst du bitte 12 2-Euro-Münzen zur Hand, die du als Symbol für dein spirituelles Geldbewusstsein verwendest.

Lege diese 12 Münzen ein paar Meter von der Zeitung entfernt in einem Kreis auf den Boden, in den du dich später hineinstellen wirst.

Stelle dich dann ganz bewusst in das alte Bewusstsein, also auf die Zeitung, und tritt noch einmal mit ihm in Kontakt. Verurteile es nicht, denn es gehörte bis jetzt zu dir. Du hast dieses Bewusstsein nach bestem Wissen und Gewissen entwickelt und gelebt. Du hast dein Bestes gegeben, und du hast nichts falsch gemacht. Du wusstest es einfach nicht besser. Nimm wahr, wie dieses so vertraute und komfortable Gefühl, die entsprechenden Emotionen und Gedanken und alles, was du jetzt in dir fühlst, durch dich hindurchströmen. Lasse noch einmal jede Zelle darin aufleuchten, und durchlebe dieses Bewusstsein noch ein letztes Mal. Bleibe in diesem Feld so lange stehen, bis du bereit bist, es zu verlassen. Spürst du Widerstände, hast du Zweifel, fühlst du dich da vielleicht sogar noch richtig? Dann lies jetzt bitte nicht weiter, sondern lege das Buch zur Seite. Du solltest diesen Schritt nämlich wirklich nur dann gehen, wenn es deine feste innere Entscheidung ist. Lasse dich bitte von mir nicht dazu drängen, sondern nimm dir alle Zeit, die du benötigst. Du kannst es vielleicht in ein paar Stunden, Tagen oder Wochen noch einmal versuchen und dann wieder fühlen, ob du wirklich bereit bist für diesen Schritt in das Unbekannte. Neue Bewusstheit ist nämlich völlig ohne Konzept. Da triffst du auf etwas völlig Reines, was erst von dir geformt werden muss. Du bist ihre Schöpferin, ihr Schöpfer, und dessen solltest du dir bewusst sein. Du kannst nämlich nicht mehr aus alten Mustern heraus handeln. Du musst die vollkommene Verantwortung für alles übernehmen, denn im neuen Bewusstsein gibt es keine Schuldzuweisung mehr. Du wirst alle Türen hinter dir schließen. Es gibt kein Weglaufen mehr vor Dingen, die zu groß, zu schwer oder zu weit weg sind. Es gibt keine Entschuldigungen, denn du bist der Manager deines Lebens. Du trägst die Verantwortung für dich und deine Entscheidungen. Deswegen frage ich dich noch einmal: Bist du wirklich bereit, jetzt den Schritt in die neue Bewusstheit zu gehen?

Wenn deine Antwort ein deutliches Ja ist, dann atme noch einmal tief ein. Lasse den Atem durch deinen ganzen Körper hindurchfließen, und spüre, wie sich bereits etwas zu verändern beginnt. Und dann sprich den folgenden Satz sehr bewusst und laut. Bitte lies ihn nicht nur, sprich ihn nicht beiläufig, sondern sei dir der Bedeutung dessen bewusst, was du hier gerade machst. Du leitest jetzt einen Quantensprung in deinem Bewusstsein ein. Du initiierst einen Transformationsprozess, auf den deine Seele schon viele Leben hindurch hingearbeitet hat. Es ist jetzt so weit. Sage also ganz liebevoll und doch bestimmt und voller Vertrauen zu dir selbst:

»Ja, ich bin bereit. Ich bin so bereit wie nie zuvor, zu erkennen, wer ich wirklich bin. Ja, ich bin jetzt bereit, mich mit meinem höchsten Wohlstandsbewusstsein zu verbinden. Ich bin bereit. Ja, ich bin bereit. Ich bin bereit.«

Und dann lässt du das Alte hinter dir. Du verlässt das Feld des alten Bewusstseins und trittst ein in die neue Wohlstandsbewusstheit. Schreite in Richtung des neuen Feldes, zu dem Kreis aus 12 Münzen, und bringe dein ganzes Sein, deinen Körper, deine Seele und dein höchstes Bewusstsein, in Berührung mit deinem wahren Selbst. Stehe in dem neuen Bewusstsein, fühle darin, atme darin, nimm darin wahr. Nimm dann noch ein paar tiefe Atemzüge, und bleibe am besten ein paar Minuten mit geschlossenen Augen dort, und nimm wahr, was geschieht. Wenn du feinfühlig bist, wirst du wahrscheinlich spüren, wie der Prozess der Transformation beginnt. Du wirst Lichtblitze in deinen Zellen sehen und spüren, wie Wellen von Wohlstandsbewusstsein deinen Körper durchströmen und wie dieser warm und angenehm in die neue Lebenserfahrung eintauchen kann. Verschmilz vollständig mit diesem Feld. Alles organisiert sich auf eine Weise neu, wie es in diesem Prozess der Transformation jetzt für dich richtig ist. Genieße deine Entscheidung, und freue dich auf alles, was dich ab jetzt erwartet.

Natürlich kann so eine Umorganisation auch scheinbar erst einmal Chaos anrichten. Du wirst möglicherweise noch einmal kurz mit alten, unerledigten Themen konfrontiert, doch dein Leben möchte dir in der neuen Bewusstheit nur der beste Lehrer sein, den du in deinem Wachstumsprozess haben kannst. Lasse dich also nicht von den Dingen abschrecken, die du bisher verdrängt hattest. Vielleicht warst du sogar wirklich meisterhaft im Verdrängen. Doch diese Themen müssen jetzt angesehen werden, denn auf dem Weg in die neue Bewusstheit von Wohlstand und Überfluss musst du dir bewusst werden, dass du nun in deine Ganzheit hineinwachsen wirst. Und dazu gehören alle Aspekte deines Seins.

Wohlstandsintelligenz erschaffen

V or ein paar Jahren hat ein weiser Mann Folgendes zu mir gesagt: »Wenn du es irgendwie schaffst, dass du nicht mehr dem Geld hinterherlaufen musst, sondern zu einem Magneten für Geld wirst, sodass es dir hinterherfließt, dann hast du es im Leben geschafft.« Dieses Bild und diese Einsicht haben sich in meinem Inneren eingraviert, und ich möchte dieses Prinzip gern mit dir teilen. Denn das Schöne ist: Ich erlebe dies heute genau so, und es scheint mit der Zeit eine immer größere Kraft zu erlangen. Ist das nicht wunderbar?

Ich möchte dich also bitten, dir auch dieses Bild in deinem Inneren zu erschaffen. Lege also gleich das Buch wieder zur Seite, und gib dich für ein paar Minuten ganz diesem Bild hin. Sieh am Horizont viele bunte Geldscheine und glänzende Münzen. Werde dir bewusst, dass du bislang immer diesem Geld nachgelaufen bist. Sieh vor dir, wie du immer wieder außer Atem kamst, während du dem Geld nachgelaufen bist. Du warst müde, ausgelaugt und kraftlos vom Rennen. Du bist immer und immer wieder hin- und hergelaufen, um die Bälle nicht fallen zu lassen, die du durch dein Leben jonglierst hast. Du hast eine Taktik nach der anderen ausprobiert, und alle haben sie dir den Schweiß auf die Stirn getrieben. Niemals konntest du stillstehen und einfach einmal ausruhen, denn immer musstest du laufen. Spürst du, dass der Zeitpunkt gekommen ist, an dem du die Bälle fallen lassen kannst?

Du merkst, dass du gerade deinen Lauf verlangsamst. Wenn du schon einmal gejoggt bist, kennst du das Gefühl, wenn du nach einer halben Stunde Laufen die letzten Schritte machst und allmählich verlangsamst. Genau so machst du das nun in deiner Vorstellung. Und dann siehst du am Horizont etwas Unerwartetes geschehen. Die vielen bunten Geldscheine und glänzenden Münzen bleiben in dem Moment, in dem du aufhörst, ihnen hinterherzulaufen, auch stehen und bewegen sich zum ersten Mal nicht von dir weg. Du drehst dich um und gehst nun in die andere Richtung. Gehe einfach voller Vertrauen, und drehe dich nicht um. Und während du dann doch heimlich nach hinten blickst, siehst du: Die bunten Geldscheine und glänzenden Münzen bewegen sich in deine Richtung! Und dann fühlst du in deinem Herzen alle deine Sehnsüchte und Wünsche. Du willst jetzt nur noch das machen, was dein Herz dir sagt, und du gehst los. Du spürst, wie es dich antreibt, deinem Herzen zu folgen, und läufst. Laufe schneller, als du jemals geglaubt hattest, laufen zu können. Deinem Herzen zu folgen, mobilisiert alle Kraftreserven in dir, und du läufst und läufst und läufst. Du läufst einfach nur, weil es sich gut für dich anfühlt. Und je häufiger du dich nun umdrehst, desto näher kommt die Fülle an bunten Geldscheinen und glänzenden Münzen. Fühle sie näherkommen, wie du von ihr überrollt wirst. Du kannst darin baden, und das Geld wird immer mehr. Du nimmst es auf, du lässt die Essenz des Geldes bis tief in deine DNS fließen, du bist in vollkommener Verbindung mit Reichtum und Überfluss. Fühle das Vibrieren in dir.

Bitte lege nun das Buch beiseite, und visualisiere diese Szene. Stelle sie dir so intensiv wie möglich vor. Folge deiner inneren Sehnsucht, und erlebe, welche Reaktion es auslöst.

Gratulation! Du hast jetzt die wichtigste Basis für deinen unendlichen Wohlstand gelegt. Viele Menschen fragen sich, was sie tun müssen, um endlich ihren Herzensdingen nachgehen zu können. Die Antwort lautet: Beginne heute damit! Mache heute deinen ersten kleinen Schritt, und triff deine erste kleine oder große Entscheidung.

Lasse ein Bild davon, wie du im Wohlstand lebst, so lebendig wie möglich in dir entstehen. Stelle dir vor, wie du dich in einem Jahr fühlst und wo du dann genau stehst. Kreiere die großartigste, gesündeste, glücklichste und erfolgreichste Version von dir selbst, und verbinde diese mit dem Datum in genau einem Jahr. Am besten machst du diese Visualisierung jeden Tag, bevor du zu Bett gehst, ein paar Minuten lang. Du verwendest dabei dann jedes Mal dieses Datum. Alle Übungen in diesem Workshop werden noch intensiver, wenn du ihnen diese Visualisierung mit dem Datum anhängst.

Lasse dein Leben in einem Jahr wie einen Film in deinem Kopf abspielen, mit Geräuschen, Farben, Gefühlen, Empfindungen, Gerüchen etc. Stelle es dir so genau vor, wie du kannst, und jeden Tag werden mehr Details dazukommen. Mache diese Übung zu einer glücklichen und vergnüglichen Erfahrung und zu einer Inspiration. Wie sieht dein neuer Lebensstil aus? Wie bewegst du dich? Wie reagieren andere Menschen auf dein neues Sein mit deinem natürlichen Wohlstand? Wie siehst du dich selbst im Spiegel? Wer bist du?

Vom Ich zum Selbst –
vom Haben zum Sein

Erfolg basiert in der neuen Zeit immer auf dem Sein. Nur wenn du dich und den stärksten Ausdruck deines wahren Selbst entdeckt hast und lebst, wirst du auf leichte Weise erfolgreich sein und das Geld und alle anderen Wunder auf einfache Art anziehen können. Dann machst du das Bild, das du in der vorigen Übung visualisiert und gefühlt hast, zu deiner Wirklichkeit.

Später wirst du mit den Transfirmationen arbeiten. Transfirmationen beginnen immer mit den Worten »Ich bin« oder »Ich habe«. Dieses »Ich« ist mehr als das Ego oder die Persönlichkeit. Es umfasst alle Ichs deines Seins: dein höheres Selbst, deine Seele, dein göttliches Kraftbewusstsein, dein tiefes Sein. Die Transfirmationen wirken dann am besten, wenn alle diese Anteile von dir aufeinander ausgerichtet sind und dabei zusammenarbeiten, Reichtum und Überfluss für dich zu erschaffen.

Du kannst nun alle Seinsdimensionen betrachten, die einen Beitrag zu deinem neuen Seinszustand liefern werden. Es geht darum, ein Leben voller Reichtum, Glück, Gesundheit und Erfolg auf all den Ebenen zu erschaffen, die einen Einfluss auf die materielle Dimension haben. Wenn wir jedoch nur auf der körperlich-materiellen Dimension arbeiten, stellt dies nur einen kleinen Teil des ganzen dir zur Verfügung stehenden Potenzials dar. Um auch die anderen Seinsdimensionen mit den neuen Informationen für das spirituelle Geldbewusstsein zu erreichen, werde ich dir gleich eine spezielle Methode zeigen und auch später im Buch immer wieder darauf eingehen, sodass das neue, spirituelle Geldbewusstsein in seiner ganzen Multidimensionalität integriert werden kann.

Beginne damit, die nun folgenden, fett gedruckten Transfirmationen langsam und ausdrucksvoll zu lesen, am besten laut. Lautes Sprechen wirkt tiefer als bloßes Denken. Lies anschließend die ausführliche Erläuterung, und gehe so die ganze Liste durch. Du integrierst diese Transfirmationen mit dem ihnen innewohnenden Bewusstsein also zuerst in der mentalen (lesen) und körperlichen (laut aussprechen) Dimension. Danach werde ich dir eine weitere Integrationsübung erklären, und du wirst dann erneut bei der ersten Transfirmation beginnen, um sie auch in die emotionale und die spirituelle Seinsdimensionen einfließen zu lassen.

Dein neues Geldbewusstsein Teil 1

Ich selbst bin die Quelle meiner finanziellen Fülle. – Nimm eine neue Perspektive ein, und mache dich selbst zur Quelle von allem. So kehrst du wieder in deine Vollkommenheit zurück. Wenn du selbst die Quelle bist, dann kannst du die Quelle managen, und so erlangst du statt Abhängigkeit völlige Unabhängigkeit.

Alles, was ich mir erschaffe, schenkt mir Erfüllung. – Das befreit dich und gibt dir ein enormes Vertrauen, dich der Manifestation zu widmen. Denn wenn alles, was du erschaffst, deinem höchsten Wohl dient und dich glücklich und frei macht, dann kannst du eine ganz andere Perspektive einnehmen als die des Opfers des Lebens. Dann bist du sein Manager und in der vollen Verantwortung.

Gute Dinge kommen leicht zu mir. – Die Leichtigkeit und die Anziehung sind besondere Geschenke des neuen Bewusstseins. Wenn du erlebst, wie leicht Dinge zu dir kommen können, dann fragst du dich, warum du bisher so viele Mühen im Leben hattest. Natürlich wird dein neuer Glauben auch vieles in deinem Leben umordnen müssen, damit er für dich erlebbar wird. Sei also gespannt, wie sich alles auf neue Weise organisiert, und nimm jede Veränderung an.

Ich bin offen für meine innere Führung. – Dies ist ein wundervolles Geschenk. Je offener du bist, desto leichter kann das höchste Bewusstsein das Zepter in deinem Leben wieder übernehmen. Du übergibst dann quasi dem höchsten Ausdruck deines Seins voller Vertrauen alles. Deine innere Führung ist dein Navigationssystem, und dein Herz ist dein Gefährt. Du wirst Zugang zu ihnen im Wahrnehmen und im Fühlen finden. Je mehr du dich für deine innere Führung öffnest, desto mehr wirst du in der Lage sein, voller Vertrauen deinem Herzen zu folgen.

Ich bin eine erfolgreiche Person. – Lasse das wahr werden. Erlebe, was es bedeutet, dafür offen zu sein. Später in diesem Buch wirst du für dich ganz genau definieren, was Erfolg bedeutet und wie du dich an Momente des Erfolgs erinnern kannst.

Ich gestehe mir zu, mich erfolgreich zu fühlen. – Nur wenn du dir das Gefühl erlaubst, kann die Tatsache daraus entstehen und kannst du es in deinem Leben verwirklichen.

Ich erlaube mir, zu haben, was ich mir wünsche. – Viele unterbewusste Muster, Erfahrungen und Konditionierungen haben dich möglicherweise davon abgebracht, dir überhaupt zu erlauben, das zu haben, wonach du dich sehnst. Wenn du diesen neuen Glaubenssatz integrierst, wird dein ganzes Sein wissen, dass es alles, was du dir von Herzen wünschst, auch verdient hat.

Ich glaube an meinen unbegrenzten Wohlstand. – Die Konditionierungen deines Geistes haben dir viele Begrenzungen auferlegt. Um diese zu lösen, ist es essenziell, zu wissen und zu fühlen, dass es keine Begrenzungen gibt, wenn du deinem Herzen folgst. Und dann wirst du offen dafür sein, nicht endenden und immer überfließenden Wohlstand zu erleben.

Ich verdiene Reichtum. – Bringe auch diese neue Überzeugung in seiner ganzen Kraft in dein Sein ein, damit sie die Grenzen sprengt, die dich bislang von dieser Erfahrung ferngehalten haben.

Geld fließt in mein Leben. – Das soll so sein, das darf so sein, und das wird so sein. Wiederhole an dieser Stelle noch einmal die Visualisierungsübung und sieh, wie das Geld dir nachfließt.

Ich bin wohlhabend. – Diese Tatsache bringt dich mit allen zur Verfügung stehenden Quellen in Verbindung und lässt sie unversiegbar werden. Vertraue darauf, dass sich immer neue Quellen zeigen werden und du somit ganz flexibel stets deinem Herzen folgen kannst.

Es kommt mehr Geld herein als hinausgeht. – Dies ist eine der wichtigsten Überzeugungen, die du haben kannst. Denn sie impliziert, dass dein Leben immer voller Überfluss ist und dir alles zur Verfügung steht, was du gerade benötigst. Du bist immer im Plus und niemals mehr im Mangel.

Ich erlaube mir, noch mehr zu haben, als ich mir erträume. – Dies erweitert noch einmal ganz großzügig deine selbst eingegrenzten Möglichkeiten. Ja, träume großzügig, und erlebe immer wieder, dass noch eine Steigerung möglich ist. Je erwachter dein Geist, je höher dein Bewusstsein ist, desto mehr Wohlstand wirst du erfahren.

Das Universum arbeitet auf vollkommene Weise. – Sei dir bewusst, dass die universelle Kraft, also das höchste Bewusstsein, genau weiß, wie es dir und deinem Leben dienen kann. Das Universum hat immer den Überblick und steht immer zu dir und deinem Glauben. Es ist eine reagierende Instanz, die vollkommen auf dem Gesetz der Resonanz basiert. Je sicherer du dir dessen bist, desto klarer und vollkommener wird sich das Ergebnis zeigen.

Das Universum dient immer meinem Wohl. – Alles, was du in die große universelle Kraft in Form deiner Gedanken, deiner Überzeugungen, deiner Handlungen und deines Seins hinausstrahlst, wird von ihr wahrgenommen und zu deinem höchsten Wohl reflektiert. Du erfährst als Reaktion immer die beste Version dessen, was du vorgibst. Je eindeutiger also dein Input ist, desto vollkommener wird sein, was du erlebst.

Mein Wert steigert sich durch alles, was ich durch meine Kreativität zum Ausdruck bringe. – Je kreativer du bist, je mehr du deine innere Kreativität siehst und sie zum Ausdruck bringst, je direkter dein

Kontakt zu deinem Herzen und deinen inneren Potenzialen wird, desto mehr wird deine Umwelt deinen wahrhaftigen und authentischen Wert sehen können. Dies wird sich auch direkt in der Höhe der Wertschätzung zeigen können und dadurch für dich sichtbar werden. Finde dich selbst, und bringe dich zum Ausdruck, umso mehr Wertschätzung wirst du erfahren!

Ich lebe in einer Welt der Fülle. – Dies ist momentan vielleicht noch eine Annahme, doch sie wird vieles in Gang bringen, und das Universum wird sofort darauf reagieren. Denn wenn du dich aus einem Mangelbewusstsein in ein Füllebewusstsein bringst, dann kann deine Quelle von Wohlstand und Überfluss in dir auch sofort darauf reagieren und damit in Resonanz gehen.

Alles in meinem Universum ist vollkommen. – Dies ist ein ganz wesentliches Bekenntnis. Wie bereits gesagt, ist dein Universum immer vollkommen und gibt dir das, was zu deinem höchsten Wohle ist. Wenn du dies jedoch infrage stellst, ist es nur logisch, dass es keine klare Ausrichtung geben kann und somit immer eine Art von Chaos oder Verwirrung herrscht. Wenn du deine Vollkommenheit als Grundlage anerkennst, dann wirkt dies wie ein Update in deinem ganzen System und wird dich direkt die Erfolge einfahren lassen.

Das Universum ist sicher, wohlwollend und voller Überfluss. – Du bist in das neue, spirituelle Geldbewusstsein eingetreten. In diesem neuen Lebensfeld möchten die Konzepte von Angst und Unsicherheit nicht mehr existieren – und können es auch gar nicht. Dies bedeutet natürlich, dass du zu jeder Zeit voller Vertrauen sein kannst, dass du sicher bist und dass alles vorhanden ist, was du gerade benötigst.

Ich erwarte, dass nur das Beste geschieht, und das tut es auch. – Mit dieser Haltung gibst du eine klare Vorgabe. So denkt eine Managerin, ein Manager und wird es deshalb auch im Alltag auf diese Weise erfahren. Du musst nicht ehrfürchtig um etwas bitten. Wenn deine Grundhaltung auf Dankbarkeit und Liebe basiert, dann ist der klare Ausdruck dessen, was du willst, vollkommen. Du bist die Chefin, der Chef und triffst selbst die Entscheidung für Wohlstand und für das Gute.

Ich lade Überfluss und Wohlstand in mein Leben ein. – Gib dem Wohlstand die Möglichkeit, bei dir zu sein, indem du ihm die Erlaubnis dazu gibst. Behandle ihn wie einen guten Freund, und gib ihm einen Platz in deinem Leben. Öffne ihm die Türen, sodass er sich immer willkommen fühlt.

Ich vertraue darauf, dass alles zur richtigen Zeit und auf die richtige Weise zu mir kommt. – Das Universum und dein höchstes Bewusstsein haben immer den Überblick und wissen genau, welche Wege und Möglichkeiten die für dich besten sind. Vertraue darauf, dass alles so geschieht, wie es ideal ist, und lasse dich führen. Der beste

Leuchtturm ist dabei dein Herz. Gehe in Resonanz mit der Kraft der Freude in dir, und lasse dir von ihr alles zeigen, was gut für dich ist.

Ich bin mit dem grenzenlosen Wohlstand des Universums verbunden. – Und du siehst täglich, wie sich dein Leben immer mehr verbessert. Du nimmst wahr, wie das, was dir folgt, immer mehr dem entspricht, was dich berührt und dich glückselig macht.

Ich habe alle Antworten in mir. – Die Quelle der Vollkommenheit ist in dir. Die Meisterschaft deines Lebens ist in dir. Es gibt in dir eine Matrix, die du wieder aktivieren kannst. Du wirst darüber im Laufe des Buches noch mehr erfahren. Vertraue darauf, dass diese Meistermatrix wieder aktiv werden und du alle Antworten in dir selbst finden wirst. Das macht dich frei und unabhängig von allem im Außen.

Ich bin eine wertvolle Person. – Gib diese Information weiter an alle vielleicht noch anders konditionierten Teile in dir. Lasse alle Millionen von Zellen diese Tatsache über dich erfahren, gib sie an deine DNS weiter, und informiere jedes Organ deines Körpers und auch dein physisches Herz. So kann es diese Informationen über deinen Blutkreislauf in jeden entlegenen Winkel deines Körpers transportieren.

Mein Weg ist wichtig. – Es ist dein Weg. Es ist ein Weg, den nur du allein gehen kannst. Von nun an gehst du ihn jedoch als Manager und nicht mehr in Abhängigkeit von einem alten Karma. Denn davon hast du dich jetzt gelöst, und du bist frei!

Ich bin eine besondere und einzigartige Person. – Auch diese Information möchte in deinem Gehirn Einzug halten. Jedes Mal, wenn du diese Überzeugung liebevoll zu dir selbst sprichst, werden neue Synapsen in deinem neurobiologischen System aufgebaut, und deine Aura wird von ihr erfüllt.

Ich erlaube mir, all das zu sein, was ich sein kann. – Weißt du, was du bist? Lasse dich vertrauensvoll leiten, und gib dir die Chance, es dir von deinem höchsten Bewusstsein zeigen zu lassen. Folge dabei immer den besten Instrumenten in dir, deinem Herzen und der Freude über dich selbst und dein Leben.

Ich wähle Lebendigkeit und Wachstum. – Diese Entscheidung wird dir deine ganze Schaffenskraft zurückbringen. Denn wenn du Lebendigkeit wählst, wird dein Leben dich Vitalität, Gesundheit und Kraft erleben lassen. Du wirst Wachstum auf allen Ebenen fühlen, und dies wird sich in viel mehr Bereichen als nur in deinem Geldbeutel bemerkbar machen.

Ich folge meinem Herzen. – Deinem Herzen zu folgen, ist das größte Geschenk, das du dir machen kannst. Diese Investition kostet kein Geld – es kann natürlich sein, dass dir diese Entscheidung nicht gleich von Beginn an riesengroße Geldmengen zuspült und du vielleicht ein paar Monate von deinem Ersparten oder auf einem niedrigeren materiellen Niveau leben musst. Doch wenn du die Kraft, die darinsteckt, dem Herzen zu folgen, in dir entfesselt hast, wirst du erleben, wie dein Leben aufblüht und du den immerwährenden Strom von Wohlstand und Überfluss nicht mehr aufhalten kannst. Im Klartext heißt das: Habe den Mut, den Status quo loszulassen, und erlebe die Freiheit deines Herzens. Dadurch wirst du materiell sowieso ganz andere Interessen bekommen, und du erfährst die unendliche Freiheit eines überfließenden Lebens.

Ich kann haben, was ich will. – Öffne dich für diese Tatsache, und erlebe, was sie bedeutet. Deine Wünsche werden immer weniger aus deinem Ego kommen und häufiger aus dem Sehnen deines Herzens stammen. Doch auch oder gerade da gibt es wunderbare Dinge zu erleben.

Ich lade das Gute in mein Leben ein. – Das solltest du unbedingt tun, denn es lohnt sich. Das Gute wartet vielleicht schon lange vor verschlossenen Türen. Vielleicht hattest du durch die Konditionierungen aus deiner Vergangenheit einen anderen Blick und hast es nicht wahrnehmen können. Doch dies möchte sich nun ändern. Sieh hin, und vertraue darauf, dass du in die subtileren Schichten deines Lebens blicken kannst, wo es noch viel mehr des Guten zu entdecken gibt, als du vielleicht bis jetzt geglaubt hast.

Ich schwimme mit dem Fluss. – Dies macht das Leben leicht und unkompliziert. Eingebettet in den immerwährend nährenden Fluss deiner Herzenskraft, musst du dich einfach nur noch durch dein Leben treiben lassen. Du fliegst wie eine Biene von Blume zu Blume, du springst wie ein Delphin von Welle zu Welle und bist mit einer niemals versiegenden Kraft verbunden. Verschaffe deinem Leben diese Leichtigkeit, und lasse alle Anstrengung los. Dein Verstand macht es kompliziert, er sorgt für eine Gegenströmung, doch dies kann und wird sich nun verändern. Später wirst du auch noch deinen Verstand dazu einladen, in die gleiche Richtung zu schwimmen und sich mit deiner Herzenskraft zu vereinigen.

Ich weiß, dass alles zu meinem höheren Wohle geschieht. – Lasse die Zweifel darüber sich immer mehr auflösen, und erlebe das Urvertrauen ins Leben. Das Leben in der neuen Bewusstheit ist dazu gedacht, dieses Gesetz der neuen Zeit zu akzeptieren.

Ich bin wachsam für meine Gelegenheiten, und ich nutze sie gut. – In der kommenden Zeit deiner Bewusstwerdung wirst du viel mehr Chancen und Möglichkeiten erkennen, als du gewohnt bist. Sei dessen ganz gewahr, und handle dann. Höre dabei immer auf dein Herz und dein reines Gefühl, und lasse dir die nächsten Schritte von deinem höchsten Bewusstsein zuflüstern.

Ich gebe alles frei, was nicht meinem höheren Wohl dient, und ich bitte auch, mich freizugeben. – Dies ist eine kraftvolle Loslösung von all dem, womit du dich bisher davon abgehalten hast, deine volle Kraft zu entwickeln. Du hast aufgrund deiner Verstrickungen und des alten Bewusstseins Dinge aufrechterhalten, die dir aus Sicht deines höchsten Bewusstseins nicht dienlich sind. Je freier du bist, desto mehr kann dein Leben in seinem vollen Glanz erstrahlen.

Ich liebe und achte alles, was ich erschaffe. – Alles, was du erlebst, ist das Produkt deiner eigenen Kreation. Wenn du also etwas in deinem Leben ablehnst, lehnst du dich damit selbst ab, und das führt zu Irritationen und Verwirrung. In deiner neuen Verantwortung ist es also enorm wichtig, alles zu ehren und dein Leben so zu lieben, wie es ist.

Ich verändere meine Umwelt durch die Veränderung meines Selbst. – Das Gesetz der Resonanz gibt dir diese Möglichkeit und dadurch die Macht über dein Leben zurück. Höre also auf, an deinem Spiegelbild herumzuwischen, denn dort kannst du nichts verändern. Nur dich selbst kannst du verändern, um das in deinem Außen gespiegelt zu bekommen, was du bist.

Ich bringe in alles, was ich tue, eine positive Einstellung ein. – Dies ist eine Grundhaltung, die ganz automatisch dann entsteht, wenn du nur noch Dinge machst, die dir wirkliche Freude bereiten und dich enthusiastisch sein lassen. Was kannst du loslassen und an andere übergeben?

Ich erschaffe mir das, was ich will, ganz leicht. – Dies ist das Ergebnis, das du mit all den Übungen in diesem Buch erreichen wirst. Du wirst die Einzigartigkeit des Superflows entdecken und an einem Punkt erleben, dass es nichts mehr zu tun gibt. Du wirst dann zu jedem Zeitpunkt, an dem du Menschen, Erlebnisse, Erfahrungen, Fertigkeiten und Fähigkeiten oder Geld benötigst, bereits alles haben und sie nicht erst aus einer Mangelsituation heraus erschaffen müssen.

Während ich dem Weg meines Herzens folge, ist für mich in Fülle gesorgt. – So lautet das Gesetz des neuen, spirituellen Geldbewusstseins. Die Energiesuppe um uns herum wird alle Menschen, die diese Pionierhaltung einnehmen, darin unterstützen, und du wirst immer bestens versorgt sein. Vertraue auf dein höchstes Bewusstsein, und lasse dir von deinem Herzen die »Diamanten« zeigen, die bereits auf dich warten.

Ich kenne meinen Wert, und ich achte mein Verdienst. – Je mehr Wertbewusstsein du in der kommenden Zeit entwickelst, desto mehr wirst du ein Bewusstsein für deinen Wert bekommen. Tue dies immer und immer wieder, und entwickle Selbstbewusstsein dabei. Je mehr Wert du deinem Tun und Schaffen zumisst, desto mehr wirst du dafür erhalten. Korrigiere also immer wieder deine Preise nach oben, statt sie nach unten anzupassen in der Angst, nichts zu bekommen. Wenn du deinem einzigartigen Sein Ausdruck verleihst und deine Wahrhaftigkeit und Kreativität auslebst, musst du mit niemandem mehr in

Konkurrenz treten. Deine Außenwelt wird dein Produkt oder deine Dienstleistung respektvoll bezahlen und es haben wollen, egal, was es kostet.

Meine Mitmenschen schätzen und achten meine Arbeit. – Wenn du dich selbst schätzt und dir selbst Respekt entgegenbringst, dann wird es deine Umwelt auch tun. Wenn du dich achtest, wird das auch dein Chef tun. Wenn du die Meisterin, den Meister in dir entwickelst, du deine Ganzheit erlangst, dann erfährst du einen übermäßigen Lohn dafür. Das, was du verdienst, ist das direkte Ergebnis dessen, wie du dich selbst schätzt.

Alles Geld, das ich ausgebe, bereichert die Gesellschaft und kommt mehrfach zu mir zurück. – Ja, gib dein Geld immer mit einem guten Gefühl aus. Wenn du dich über den Preis eines Produkts ärgerst und dich »ausgenommen« fühlst, dann solltest du es lieber lassen, denn das zieht dich immer mehr in den Mangel hinein. Wenn du dich schätzt, dann wirst du immer mehr erkennen, dass auch andere dies tun. Du wirst deinem Alltag dann auf eine ganz neue Weise entgegentreten und viel weniger emotional reagieren. Mache es also zu einem Ritual, diese neue Überzeugung immer dann zu wiederholen, wenn du etwas bezahlst. Gib dein Geld in dem Bewusstsein aus, dass du damit andere bereicherst, weil sie es verdient haben. Genauso, wie du es verdient hast, wenn du etwas bekommst. Du wirst bemerken, dass auf deinem Bankkonto viel schneller und viel einfacher die Beträge eingehen – zigfach, hundertfach, tausendfach!

Alles Geld, das ich ausgebe und verdiene, bringt mir Freude. – Das ist wohl der Kern des ganzen spirituellen Geldbewusstseins. Je mehr Verspieltheit und kindliche Freude du im Umgang mit Geld aufleben lässt, desto weniger ernst wird dir das Geld oder sein Mangel vorkommen. Die Freude und Glückseligkeit werden die Leichtigkeit zu dir zurückbringen und dir ein vor Wohlstand überfließendes Leben bescheren.

Ich würdige alles, was ich bin, und alles, was ich habe. – Das Sein steht über dem Haben. Konzentriere dich mehr auf das, was du bist und wie du dein Sein zum Ausdruck bringen kannst. Das Haben wird dem wie von allein folgen. Denn wenn du bist, wirst du dem Haben, oder besser dem Nichthaben, nicht mehr so viel Macht geben. Es ist dann von allem da, und du kannst es in Dankbarkeit würdigen.

In allen meinen Lebensbereichen sind Wohlstand und Überfluss. – Denn Wohlstand ist eine Ansammlung von Qualitäten, die sich gegenseitig ergänzen und ergeben. Du wirst später in diesem Buch die Meistermatrix kennenlernen, die alles beinhaltet, was für ein Leben in wahrhaftigem Reichtum notwendig sein kann: Heilung, Ausbalanciertheit, Wohlstand und Überfluss, Liebe, Klarheit, Wahrhaftigkeit, Einssein, Akasha-Potenzial, Segnungen, höhere Weisheit, Frieden und Superflow. Diese 12er-Matrix führt dich zu wahrem Wohlstand.

Mein Wohlstand wirkt sich günstig auf andere aus. – Wenn du diese 12er-Matrix in dir wiederentdeckt und aktiviert hast, wirst du die Kraft des Segnens erleben. Dann wirst du andere mit deinem Wohlstand berühren und diesen frei weitergeben. Die Liebe aus deinem Herzen, deine Authentizität und deine Großzügigkeit werden andere berühren und sie selbst dahin führen.

Die multidimensionale
Seins-Integrations-Übung (MDSI)

Wir kommen nun zu einer Methode, mithilfe derer du das neue Selbstbild eines reichen, glücklichen, gesunden und erfolgreichen Menschen recht einfach in einer Vielzahl von Dimensionen integrieren kannst. Wir verwenden dafür eine kraftvolle Technik, die ich die multidimensionale Seins-Integrations-Übung nenne. Um es ein wenig zu vereinfachen, sagen wir im Folgenden »MDSI« zu ihr. Machen wir uns noch einmal bewusst, welche Dimensionen wir miteinander vereinen wollen und wo die Transfirmationen ihre Wirkung dadurch entfalten können. Stelle dir verschiedene Schichten vor, die einander alle in unterschiedlicher Intensität beeinflussen. Die Abbildung zeigt dir ineinanderliegende Kreise und die einzelnen Ebenen der Multidimensionalität.

spirituelle Dimension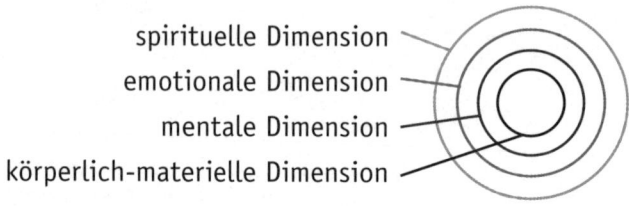
emotionale Dimension
mentale Dimension
körperlich-materielle Dimension

Die körperlich-materielle Dimension und die mentale Dimension sind die, die am wenigsten Auswirkung auf die äußeren Schichten haben. Würdest du also diese Transfirmationen nur lesen, denken oder laut aussprechen, würdest du nur einen kleinen Teil deines ganzen Potenzials nutzen und viele Chancen der Veränderung einfach brachliegen lassen. Je weiter außen die Schicht sich in der Darstellung befindet, desto stärker wirkt sie auf das Ganze ein. Die emotionale und die spirituelle Dimension sind die kraftvollsten, und doch gehören alle vier Dimensionen zusammen. Deswegen bitte ich dich, die Transfirmationen noch einmal zu wiederholen, indem du nun die MDSI anwendest. Du verbindest damit deine spirituelle Dimension, mit der du über dein Kronen-Chakra verbunden bist, mit der mentalen Dimension, deinem Verstand. Dadurch, dass du zur gleichen Zeit die Transfirmationen sprichst, verbindest du zudem über dein neurobiologisches Gehirn die körperlich-materielle Dimension mit deiner emotionalen Dimension, dem emotionalen Herzen. Du vereinigst mit dieser MDSI also alle wesentlichen Dimensionen deines Seins.

Während du eine Transfirmationen mehrmals laut aussprichst, bewegst du deine geöffnete rechte Handfläche erst vor dem Herzen in deiner Brustmitte vor und zurück, ohne dass du deinen Körper dabei berührst. Du fächerst sozusagen Energie zu deinem Herzen hin. Dieses Bewegung führst du 3 bis 4 Mal aus und wechselst dann mit der Hand hoch zu deinem Kronen-Chakra. Während du die Transfirmationen weiter wiederholst, bewegst du deine geöffnete rechte Handfläche über deinem Kopf auf und ab, ohne dass du deinen Kopf dabei berührst. Du fächerst jetzt die Energie in dein Kronen-Chakra hinein. Du wechselst ein paar Mal zwischen Herz und Kopf hin und her, bis du das Gefühl hast, dass es genug ist. Du gehst dann zur nächsten Transfirmation über und integrierst diese auf genau die gleiche Art und Weise. Gehe also nun wieder zurück auf Seite 46, und beginne bei der ersten Transfirmation. Dieses Mal liest du nur die fettgedruckte Transfirmation und wendest damit die MDSI an. Gehe dann zur nächsten Transfirmation über und so weiter, bis du bei der letzten von Teil 1 angelangt bist. Danach legst du das Buch am besten für ein paar Stunden aus der Hand und liest erst später oder morgen weiter.

Nutze alle Möglichkeiten – die passive Integration

Die CD »Spirituelles Geldbewusstsein« ist auch in 6 Tracks eingeteilt und enthält alle Transfirmationen in der gleichen Reihenfolge, wie du sie in diesem Buch findest. Bis jetzt hast du die neuen Informationen aktiv in dir verankert. Mithilfe der CD kannst du jetzt noch eine kraftvolle passive Integration hinzufügen. Höre die CD, sprich jede Transfirmation nach, und atme danach tief ein. Zum Einschlafen, während des Autofahrens oder zu jeder anderen Gelegenheit kannst du dich auf passive Weise von den Transfirmationen anregen lassen und sie dir somit zu eigen werden lassen. Mache dies zunächst nur mit Teil 1 der CD, und gehe dann im Verlauf des Buches Schritt für Schritt weiter. Zu viele Informationen würden dich möglicherweise überfordern und keinen echten Nutzen bringen. Dein System sollte erst einmal die Möglichkeit bekommen, diesen ersten Teil vollständig zu integrieren.

Dein neues Geldbewusstsein Teil 2

U nd weiter geht's. Hast du dir genügend Zeit gegeben, den ersten Teil zu integrieren und zu verarbeiten? Bestimmt merkst du, dass in dein Leben neue Bewegung gekommen ist und du viele neue Erfahrungen in Bezug auf Geld, Wertschätzung und Verdienst gemacht hast. Von vielen Menschen höre ich bereits nach diesen ersten kleinen Schritten von großartigen Veränderungen. Ich wünsche dir von Herzen, dass es dir auch so ergeht.
Nun folgt der zweite Teil der Affirmationen, die du wie vorher integrieren kannst.

Der Erfolg aller anderen trägt zu meinem Erfolg bei. – Der Neid ist einer der schlimmsten negativen Einflüsse auf echten Wohlstand. Denn wenn du auf Menschen neidisch bist, die erfolgreich sind, dann manifestierst du in deinem Leben Misserfolg. Wenn du Neid auf Erfolg projizierst, dann interessiert es dein Universum nicht, ob es dabei um deinen Erfolg oder den eines anderen geht. Es funktioniert wie eine mathematische Formel: Erfolg = Neid. Du projizierst dann das mit Neid verbundene Gefühl auch auf deinen Erfolg. Dein Unterbewusstsein registriert das und tut alles, um dich vom Erfolg abzuhalten, denn es möchte dich nur beschützen. Erfolg = Neid = negativ. Unterbewusst wirst du also vom Erfolg ferngehalten. Sobald du aber diesen neuen

Glauben, dass der Erfolg aller anderen auch zu deinem Erfolg beiträgt, in dir zu integrieren beginnst, wird sich dies umkehren und mit den wundervollen Gefühlen der Freude und der Glückseligkeit auf neue Weise wirken. Du sendest dann die positive Haltung gegenüber Erfolg aus und kannst ihn in deinem Leben erwarten.

Ich sende anderen Menschen gute Energien für die Vermehrung deren Wohlstands. – Die nächste Stufe ist, dass du andere von Herzen segnest und ihnen deine Liebe und Dankbarkeit entgegenbringst. Wünsche allen Menschen, dass auch sie ein spirituelles Geldbewusstsein entwickeln. Teile mit Ihnen dein Wissen. Segne sie mit guten Gefühlen und einer integren Haltung. Das ist ein Geschenk, das du der Welt machen kannst.

Mein Geld ist die Quelle alles Guten. – Momentan trägt Geld vielleicht noch mehr das Etikett von Macht, Schuld und Angst. Was auch immer mit dem Euro und allen anderen Währungen geschehen wird, und wann auch immer der Zeitpunkt dafür gekommen ist, dieses System zu erneuern und zu überdenken, es ist jetzt noch das allgemeine und einzige Zahlungsmittel, das wir in unserer Gesellschaft verwenden. Es bringt also nichts, es zu verdammen. Verändere deine persönliche Einstellung zu Geld, und du wirst für die Zukunft gerüstet sein. Es macht dir dann nichts mehr aus, wie die Entwicklung vorangehen wird und was wir als Menschheit entscheiden. Wenn du es geschafft hast, das Geld in deinem Bewusstsein zu einer Quelle des Guten werden zu lassen, dann wird es mit einer möglichen Folgewährung ganz automatisch so sein. Sei Pionier, und sei deiner Zeit voraus!

Ich bin für das Empfangen offen. – Das ist wohl die wichtigste Einstellung dafür, dass überhaupt etwas zu dir hinfließen kann. Erst kommt das Empfangen, dann das Annehmen und dann das Überfließen.

Alles, was ich gebe, ist ein Geschenk an mich selbst. – Der Wohlstand der ganzen Erde basiert auf dem Prinzip der Ganzheit. Dies ist das Geschenk der jetzigen Zeit und eine wesentliche Erkenntnis für ein Leben im Superflow. Solange wir in irgendeiner Form das Konzept von Trennung leben, werden wir uns weiter im Kreise drehen. Es ist an der Zeit, aufzuhören, zu sagen »mein Geld« oder »dein Geld«. Es ist unser aller Geld, das von einem zum anderen wandert. Dadurch, dass du es nicht festhältst, wird es immer wieder zu dir zurückkommen wollen, wie ein guter Freund. Alles, was du anderen gibst, ist ein Geschenk an dich selbst, weil du eins bist mit allem. Einssein folgt dem Alleinsein. Es wird dich wieder zur Verbundenheit mit allem führen. Das ist der Zyklus der spirituellen Evolution, und wir sind jetzt gerade wieder dabei, vom Alleinsein, also dem Getrenntsein, in das All-eins-Sein zu gelangen. Was immer du gibst, ist ein Geschenk auch an dich selbst.

Während ich gebe, empfange ich selbst. – Erfahre dieses Prinzip noch intensiver, indem du dir bewusst machst, dass in dem Moment des Gebens bereits derjenige des Empfangens enthalten ist. Auf der Zeitlinie unseres Raum-Zeit-Verständnisses liegen diese Augenblicke natürlich immer hintereinander, doch in der multidimensionalen Wahrnehmung der neuen Zeit ist alles immer eine parallele Erfahrung.

Ich gebe mir selbst sehr großzügig. – Wie sollen Wohlstand und Überfluss bei dir zu Hause sein können, wenn du dir selbst keinen Wert beimisst? Gib dir selbst immer sehr großzügig im Rahmen deiner momentanen Möglichkeiten. Mit steigendem Einkommen wirst du dir selbst gegenüber immer großzügiger werden und somit die Entwicklung weiter unterstützen. Du bist die wichtigste Person in deinem Leben. Gib dir immer zuerst, und gib dir reichlich. Denn wenn du gut versorgt bist, bist du auch immer am besten in der Lage, andere zu versorgen.

Das Geld, das ich ausgebe, gebe ich mit einem klaren Gefühl aus. – Lasse das klare Gefühl dabei immer liebevoller werden. Je mehr echte Liebe du zum Geld entwickelst, desto lieber möchte es bei dir sein. Manchmal, wenn ich unter der Dusche stehe, singe ich: »Ich liebe Geld, und Geld liebt mich.« Ich singe das in allen Tonlagen und mit vielen schönen Melodien. Probiere es doch auch einmal aus!

Ich werde immer zu einer Lösung auf höherer Ebene geführt. – Mit jeder Transfirmation in diesem Buch wird das Urvertrauen immer spürbarer für dich werden. Du wirst das Gefühl bekommen, viel mehr

Selbstsicherheit und Klarheit zu gewinnen, und es werden alle Zweifel schwinden, die dich bisher von dieser Überzeugung ferngehalten haben.

Ich höre auf die Weisheit meines Herzens. – Du hörst nur mit deinem Herzen gut. Dein Herz ist das Instrument, das dir den Zugang zur höheren Weisheit in dir gewährt. Frage also vor zukünftigen Entscheidungen immer erst dein Herz und dann deinen Verstand. Im Verlauf des Buches wirst du auch noch lernen, diese beiden Sphären miteinander zu verschmelzen, sodass es auch hier keine Trennung mehr geben wird. Du wirst dann mit deinem Herzen entscheiden und mit deinem Verstand fühlen.

Während ich anderen zu Gewinnen verhelfe, gewinne auch ich. – Dieses Prinzip ist dir jetzt bereits bekannt. Das, was du säst, das erntest du. Frage dich deshalb einmal, wie nah du bereits deinem Selbst bist. Was tust du in deinem Alltag, um dein Geld zu verdienen? Dienst du damit der Gesellschaft? Bringst du deine ganze Liebe damit zum Ausdruck, und wie viel Mut hast du bereits entwickelt, deinem Herzen zu folgen? Denn je mehr du diese Qualitäten entwickelst, desto mehr kannst du anderen ganz automatisch auch eine Art von Segen überbringen.

Meine Ersparnisse sind ein Magnet für noch mehr Wohlstand und Überfluss. – Lerne bitte zu unterscheiden, ob Ersparnisse auf Gier oder auf Angst basieren und damit eine andere Energie tragen als die Ersparnisse, die da sind, weil du nicht mehr damit nachkommst, das

Geld auszugeben, das auf dich zuströmt. Mit zunehmendem Bewusstsein wirst du immer weniger das Bedürfnis haben, dich anhand von Einkäufen oder materiellen Dingen zu befriedigen. Es wird aber der Zeitpunkt kommen, an dem du etwas entdeckst, worein du gern investieren möchtest und was dir große Freude macht. Bis dahin werden deine Ersparnisse immer mehr als Magnet dienen und ganz automatisch immer mehr Geld anziehen.

Meine Gesundheit ist ein Magnet für noch mehr Gesundheit. – Je mehr du Wohlstand, Reichtum und Überfluss auch auf andere Lebensbereiche ausweitest und es nicht nur auf Geld oder materielle Dinge beschränkst, desto mehr werden auch alle anderen Lebensbereiche zu einem Magneten werden und noch mehr von dem anzuziehen, was dir ein Leben in Leichtigkeit, Liebe und Freude beschert.

Ich treffe die Wahl, ein Leben in Wohlstand und Überfluss zu leben. – Du musst diese Entscheidung ganz bewusst für dich treffen. Alle anderen Informationen in deinem System werden sich dieser neuer Überzeugung anpassen. Erinnere dich bitte daran, dass du dich entschieden hast, aus dem Opferbewusstsein herauszutreten. Du bist jetzt die Managerin, der Manager deines Lebens, und eine Managerin, ein Manger trifft Entscheidungen!

Ich setze Zeit dafür ein, darüber nachzudenken, was ich will. – Managerinnen, Manager nehmen sich viel Zeit für ihre strategische Ausrichtung. Dein Verstand wird mehr und mehr eins mit deinem Herzen und plant, analysiert und strukturiert demzufolge viel mehr aus dem reinen Gefühl und in Verbindung mit deiner höheren Weisheit. Dein Denken wird also ganz automatisch immer mehr zu einem sehr weisen Instrument. Nimm dir also getrost Zeit, darüber »nachzuherzen«, was du willst.

Ich bin mit dem unbegrenzten Reichtum des Universums verbunden. – Die Unendlichkeit aller Reichtümer auf dieser Erde und im ganzen Universum sind Teil deines Bewusstseins. Nutze sie weise, und bade in dieser universellen Energie.

Ich verdiene Überfluss in allen Bereichen meines Lebens. – Erweitere deinen Geist, und lasse ein reines »Gelddenken« los. Ein gesunder Körper ist Reichtum, liebevolle Beziehungen sind Wohlstand, der friedvolle Ausdruck deiner Kreativität in deinem Beruf bringt dein Leben zum Überfließen.

Ich verdiene Geld im Überfluss. – Sei also ganz offen dafür, und erlaube dir, mehr Geld zu bekommen, als du dir vielleicht einmal erträumt hast. Wenn du magst, kannst du damit dann wiederum ganz viele Projekte unterstützen.

Ich verdiene liebe Freunde im Überfluss. – Es ist nicht immer Geld, das du benötigst, um Projekte voranzubringen. Meist sind es die Ideen, die innerhalb von Netzwerken entstehen, die den echten Durchbruch bringen. Ich bringe dies gern auf die Formel: Bisher war $1+1=2$. Wenn du jedoch offen dafür bist, dass andere dich bereichern können, und du ohne jede Verlustangst deinen Erfolg mit anderen zu teilen bereit bist, dann ist $1+1=1000$.

Ich verdiene Reichtum in allen meinen Beziehungen. – Dasselbe Prinzip kannst du natürlich auch auf deine Beziehungen anwenden. Je mehr du wieder deine eigene Vollkommenheit entfaltest, desto unabhängiger wirst du von Dingen im Außen und desto weniger sind deine Beziehungen auf dem Prinzip des Gebens und Nehmens aufgebaut, sondern sie erreichen eine neue Evolutionsstufe. Du bist vollkommen und benötigst nichts mehr. Du kannst dich also in einer Beziehung zu einem Partner oder einer Partnerin nur noch auf das Sein konzentrieren und erlebst dadurch eine ganz neue Form des Reichtums. Wenn zwei Menschen selbst 100 % sind, weil sie aus sich und ihrer eigenen Kraft heraus leben, und eine Beziehung eingehen, dann treffen 100 % auf 100 %, und daraus werden nicht nur 200 %, sondern 1000 %. Auch hier gilt die Formel der neuen Bewusstheit. Öffne dich für diesen Reichtum in deinen Beziehungen, und erlebe ihn!

Ich verdiene freie Zeit im Überfluss. – Was bringen dir Reichtum und Geld, wenn du sie nicht genießen kannst? Nur ein gesundes Gleichgewicht von freier Zeit und Investition in deine Arbeit wird dir eine gesunde Basis für ein Leben in Freude bieten.

Ich verdiene großartige Erlebnisse im Überfluss. – Wenn du offen dafür bist, in deiner freien Zeit das Allerschönste zu erleben, dann gibt es diesem Leben in seiner Grandiosität nichts mehr hinzuzufügen.

Ich denke auf großartige und grenzenlose Weise. – Spüre die Kraft, die in dieser Transfirmation steckt! Dein neues, spirituelles Geldbewusstsein wird dir immer mehr Möglichkeiten zeigen. Je weiter du dich für die Unendlichkeit deiner Möglichkeiten öffnest, desto großartiger wird dein Leben sein.

Ich kann jetzt die Realität erschaffen, die ich möchte. – Du bist die Schöpferin, der Schöpfer, die Managerin, der Manager und die Meisterin, der Meister deiner Realität. Je weiter du in der Evolution deines spirituellen Geistes vorankommst, desto weniger werden deine Ziele und Wünsche aus deinem Ego heraus entstehen, und du wirst dich mehr um deine wahren Herzensangelegenheiten kümmern und erkennen, dass dies das Einzige ist, worein es sich zu investieren lohnt. Verbinde dich also immer mehr mit deinem Herzen und den dir innewohnenden Potenzialen und Fertigkeiten, auf die du dadurch Zugriff erlangen wirst. In der kristallinen 12er-Matrix findest du den Zugang zum Akasha-Potenzial, in dem alle Realitäten enthalten sind, die du als Sehnsucht in deinem Herzen fühlst. Du kannst also aus deiner eigenen tiefen Vergangenheit früherer Inkarnationen schöpfen und dir jede dieser Realitäten wieder erschaffen. Es ist mehr ein Erinnern und Entstehen-Lassen, doch dazu später mehr.

Ich akzeptiere Wohlstand und Überfluss in meinem Leben. – Eine Meisterin, ein Meister tut dies. Du bist dir bewusst, dass jeder Mensch die Kraft in sich trägt und in der Lage ist, zu erwachen, um die Potenziale des spirituellen Geldbewusstseins zu nutzen. Dies erleichtert dir das Loslösen deines konditionierten Geistes aus einem Schuldbewusstsein der Vergangenheit.

Ich habe jetzt ein unendlich großes Potenzial. – Die Unendlichkeit und die ganze Tragweite deiner Möglichkeiten findest du in der Tiefe deines Herzens, wenn du immer mehr in Verbindung mit deinem reinen Gefühl trittst. Vertraue auf deine Großartigkeit, und lasse das Potenzial wieder emporkommen. Du hast es gut in deinem Inneren versteckt, doch es ist da. Du musst es nicht im Außen suchen, sondern kannst es in deiner eigenen Vergangenheit finden. Es war immer deines, und es wird immer deines bleiben.

Ich vertraue darauf, dass alles zur perfekten Zeit und auf perfekte Weise zu mir kommt. – Dein Leben ist dein bester Lehrer. Wenn du dir dein Leben genau anschaust und es auf diese Weise einlädst, zu einer freudvollen Erfahrung zu werden, dann wirst du bald erkennen, dass es alles bestens für dich arrangiert. Das harmonische Zusammenspiel deiner Themen, Herausforderungen und der Lösungen dafür wird dich auf deinen Weg führen und dir bestätigen, dass immer alles zum richtigen Zeitpunkt bereits auf dem Weg zu dir ist.

Ich erreiche meine Ziele und Wünsche. – Auch wenn du im Laufe deines Wachstums immer wieder Kurskorrekturen vornehmen wirst, bedeutet dies nicht, dass du scheiterst oder aufgeben solltest. Es ist vielmehr eine völlig natürliche Anpassung an dein neues Bewusstsein. Hinterfrage deswegen immer deine Wünsche und Ziele, und sieh hin, ob sie noch deinem aktuellen Bewusstsein entsprechen. Viele davon kannst du aussortieren und dich dann auf die wesentlichen Dinge konzentrieren.

Das Angebot des Universums ist unendlich. – Schaue hinaus in unsere Welt, und du wirst sehen, dass es alles gibt. Es ist alles vorhanden, und in deiner neuen Denkweise weißt du, dass alles eins ist. Je weniger du das Konzept der Trennung lebst, desto deutlicher wirst du dies erfahren und sehen, wie einfach es ist, sich aus diesem unendlichen Angebot beschenken zu lassen.

Ich weiß, dass meine Seele voller Überfluss ist. – Deine Seele kennt keine Trennung. Nur der konditionierte menschliche Geist hat dies im Laufe seiner Evolution erlernt. Mache dir dieses Wissen zunutze! Je mehr du wieder eins wirst mit deiner Seele und deinem höchsten Selbst, desto mehr kannst du an Überfluss gewinnen. Dein Herz ist der Zugang dazu. Der Ausdruck deiner Liebe in allem, was du tust, öffnet dir die Türe, und du erhältst Zutritt zu deinem Paradies.

Mein Reichtum bereichert auch andere. – Als befreiter Geist der neuen Zeit wirst du immer mehr die kindliche Verspieltheit darin entdecken, mit deinem Sein andere Menschen segnen zu wollen. So wirst du mit dem Reichtum in deinem Herzen, der zum Magnet für finanziellen und materiellen Reichtum wurde, dein Umfeld segnen. Jeder Schritt, den du auf die Erde setzt, wird Spuren dieses Reichtums hinterlassen, und du bereicherst damit alle, die etwas davon abhaben wollen.

Ich liebe und ehre alles, was ich erschaffe. – Was du erschaffst, ist das Ergebnis deiner Kreativität. Je mehr du dich selbst liebst, akzeptierst, wertschätzt, respektierst, bewunderst und anerkennst, desto mehr wirst du erschaffen, was genau diese Energie in sich trägt. Es ist der Ausdruck von Liebe!

Ich umgebe mich mit Dingen, die meine Lebendigkeit und meine Energie zurückstrahlen lassen. – Das ist ein ganz wesentlicher Schlüssel für dein Wachstum. Schaue immer, wovon du umgeben bist. Dient dir die Energie der Dinge und Menschen, oder hat sie die Intention, dir etwas zu rauben? Möchte deine Mutter dir ihr Leben aufzwingen oder dein Chef seine Ansichten übertragen, die jedoch nicht mehr deinem Bewusstsein entsprechen? Dann ist es Zeit, dir zu überlegen, ob du dich von diesen Menschen trennen möchtest. Solange du deine eigene Kraft noch nicht vollständig entfaltet hast, meidest du diese Energien lieber. Doch der Zeitpunkt wird kommen, da kannst du gestärkt und voller Kraft wieder in ihre Präsenz zurückkehren und dein Licht dort erstrahlen lassen.

Ich bin ganz offen dafür, zu empfangen. – Werde zum Wahrnehmungsorgan für alles Schöne. Absorbiere alle wunderwirkenden Energien aus deinem Lebensumfeld, wie ein Schwamm das Wasser aufnimmt.

Alles Geld, das ich ausgebe, bereichert die Gesellschaft und kommt vervielfacht zu mir zurück. – Wie ist deine Wahl? Zehnfach, hundertfach oder tausendfach?

Ich verdiene Überfluss, ich habe jetzt Überfluss. – Werde dir bewusst, dass du bereits viele Jahre in dein Wachstum investiert hast. Es steht also alles parat und möchte jetzt hereingelassen werden. Wenn du nur den Mut hättest, die Türen zu öffnen, würdest du von einer kraftvollen Welle erfasst werden, und du würdest den Superflow erleben.

Ich kenne meinen Lebenszweck und bringe diesen jetzt zum Ausdruck. – Dein Lebenszweck im neuen Bewusstsein ist der, den du für dich wählst. Du hast aus einer Vielzahl von Möglichkeiten die freie Wahl. Fühle in dein Herz hinein, und du wirst genau wissen, was dein Lebenszweck sein kann. Gefällt es dir, dann wähle es. Möchtest du dem noch etwas hinzufügen, dann fühle weiter hinein, und lasse dir mehr zeigen. Du kannst nach und nach immer mehr Komponenten hinzufügen und dich in deiner ganzen Kreativität zum Ausdruck bringen. Lasse dich von deinem Herzen dazu inspirieren!

Ich bin immer zur richtigen Zeit am richtigen Ort. – So siehst du immer das, was dich weiterbringt. Die Energiesuppe, in der du schwimmst, wird dir dabei ein guter Helfer sein, und du wirst immer differenzierter in deiner Wahrnehmung werden. Sei also offen, und nimm die Angebote des Lebens an.

Ich nutze meine Zeit, um nachzudenken, wofür ich mich entscheide. – Die Angebote werden immer vielversprechender werden. Du schwingst dich in neue Höhen hinauf und hast immer häufiger das Glück der Wahl. Nutze dein gutes, reines Gefühl, und empfinde, ob in einer Wahl genügend gute Energie enthalten ist.

Alles, was ich anderen gebe, ist ein Geschenk an mich selbst. – Du gibst immer dem Ganzen. Du bist Teil dieses Ganzen und gibst dir also immer selbst. Du musst nicht immer Geld für etwas fordern, um dich wertgeschätzt zu fühlen. Dieses Prinzip erleichtert dir den Umgang mit Geld und wird dir ganz neue Einsichten bringen.

Wenn ich gebe, empfange ich. – Und das geschieht immer im Kreislauf der Ewigkeit.

All das Geld, das ich ausgebe, bringt mir Freude. – Tausche das Wort Geld gegen ein beliebiges anderes aus, und erfahre, wie es ist, nicht mehr mit Geld, sondern mit Glückseligkeit, Dankbarkeit, Liebesbewusstsein, Enthusiasmus und Herzkraft zu bezahlen.

All das Geld, das ich bekomme, bringt mir Freude. – Tausche das Wort Geld gegen ein beliebiges anderes aus, und erfahre, wie es ist, nicht mehr nur Geld, sondern Glückseligkeit, Dankbarkeit, Liebesbewusstsein, Enthusiasmus und Herzkraft zu bekommen.

Geld fließt in mein Leben. – Öffne alle Schleusen, und sieh, wie das Geld dir hinterherfließt. Es ist bald nicht mehr aufzuhalten!

Ich bin wohlhabend. – Fühle in dein Herz hinein, und nimm es wahr!

Ich kenne meinen Wert. – Lasse dich von deiner Kreativität inspirieren, und erkenne, wie dein Wert immer weiter steigen wird. Menschen sind bereit, ein Vielfaches dessen zu bezahlen, was du momentan von ihnen bekommst, wenn du ihnen zeigst, dass du das, was du tust, von Herzen machst. Je authentischer du also du selbst bist und »dein Ding« machst, um Geld zu verdienen, desto mehr wirst du auch deinem Wert entsprechend bezahlt.

Ich ehre meinen Wert. – Ehre dich und dein ganzes Potenzial, indem du es nicht länger brachliegen lässt. Raffe dich auf, und habe den Mut, deiner Herzkraft Ausdruck zu verleihen. Damit ehrst du dich und deinen Wert wirklich – und nicht nur mit leeren Worten.

All mein Geld ist Energie und wartet darauf, dass es Gutes in meinem Leben erschaffen kann. – Erinnere dich an die Tatsache, dass Geld keinerlei Bedeutung hat außer der, die du ihm gibst. Vergleiche Geld mit jeder anderen Energieform, die du nutzt. Dem Strom aus der Steckdose oder der Nahrung, die du deinem Körper zur Verfügung stellst. Das in der Energieform lebende Bewusstsein wird eine Wirkung auf dich haben. Gib also der Energieform Geld das Gute in ihr zurück, und erlebe das neue, spirituelle Geldbewusstsein in seiner ganzen Großartigkeit.

Ich bin eine wertvolle Person. – Du verdienst es, alle Reichtümer des Universums zu deinen werden zu lassen. Werde eins mit deinem Wert, und du wirst eins mit dem Überfluss des Lebens.

Jetzt kannst du wieder alle Transfirmationen mit der MDSI in dein körperliches, energetisches, mentales, emotionales und spirituelles System integrieren. Gehe nun zurück auf Seite 65, und beginne bei der ersten Transfirmation von Teil 2. Lies nur die fettgedruckte Transfirmation, und wiederhole sie ein paar Mal, während du die MDSI anwendest. Dann gehe zur nächsten, und mache die Übung weiter, bis du bei der letzten von Teil 2 angelangt bist. Danach lege das Buch am besten wieder für ein paar Stunden aus der Hand, und lies erst später oder morgen weiter.

Dein neues Geldbewusstsein Teil 3

Mein Weg ist wichtig. – Du bist die einzige Person, die deinen Weg erkennen und gehen kann. Dein Weg ist wichtig, weil du durch den Ausdruck deines ganz persönlichen Seins zu unserer Erde einen einzigartigen Beitrag leisten kannst. Dieser Beitrag kann nur von dir kommen.

Ich erschaffe Licht und göttliche Energie, bevor ich in Aktion trete. – Je weiter dein Bewusstsein wächst, desto mehr wirst du dir der Tatsache bewusst, dass du ein Lichtwesen bist und die Energie deines Herzens einen unersetzlichen Beitrag leistet. Sei dir deiner Lichtkraft ganz bewusst, und erschaffe dir dadurch noch viel leichter das, was es in jedem Moment zu erschaffen gibt.

Ich vertraue darauf, dass alles zur richtigen Zeit und auf die richtige Weise kommt. – Das Universum und dein höchstes Bewusstsein haben immer den Überblick und wissen genau, welche Wege und Möglichkeiten die für dich besten sind. Vertraue darauf, dass alles mit Vollkommenheit geschieht, und lasse dich führen. Der beste Leuchtturm ist dabei dein Herz. Gehe in Resonanz mit der Kraft der Freude in dir, und lasse dir dadurch alles zeigen, was gut für dich ist.

Ich erlaube mir, mehr zu haben, als ich mir jemals erträumt habe. – Diese Überzeugung öffnet dir die Tür in die verborgenen Schatzkammern deiner sichtbaren Welt. Denn da ist noch so viel mehr zu entdecken. Mehr, als du dir jemals erträumt hast. Viel mehr.

Ich lausche der Weisheit meines Herzens. – Dein Herz ist auf mannigfaltige Weise mit der universellen Schönheit des Lebens verbunden. Dein Herz öffnet dir Türen und Tore dorthin, denn du siehst nur mit dem Herzen gut. Das Bewusstsein, das Leben zu lieben, befreit dich von einschränkenden Verhaltensmustern wie Gier und Machtstreben und eröffnet dir damit die Quellen des Überflusses. Es führt dich direkt in einen Zustand von hoch schwingender Glückseligkeit, in dem kein Gewinnstreben mehr notwendig ist. Dort ist nur Vertrauen zu finden, und du bist mit dem reinen Gefühl der unendlichen Möglichkeiten in dir verbunden.[*]

Ich bin ein Magnet für Erfolg. – Erschaffe dadurch, dass du deiner Berufung folgst, eine Anziehungskraft, die du in deinem Leben erforschen kannst. Dadurch wirst du den Magneten in dir aktivieren, und er sorgt dann dafür, dass du ganz natürlich erfolgreich sein kannst. Du musst dich nicht mehr verbiegen und irgendwelchen Strategien folgen, die dich nur Kraft kosten. Du wirst das Maximum dessen zurückbekommen, was du an Zeit und Konzentration in dich investiert hast.

---

[*]   Zu diesem Thema gibt es auch ein eigenes Buch von Thorsten Weiss: *Mit dem reinen Gefühl unendliche Möglichkeiten entdecken.* Darmstadt: Schirner Verlag, 2011.

Ich bin ein Magnet für Geld. – Sieh in deinem Inneren, wie das Geld dir folgt. Sieh, dass sich die Szene deines Alltags verändert hat und du nicht mehr völlig ausgelaugt und am Ende deiner Kräfte bist, weil du immer noch dem Geld hinterherhecheln musst, um deine Rechnungen und deine Miete zu bezahlen und gerade so über die Runden zu kommen. Sieh, wie du kraftvoll, leicht und sportlich dahinläufst und wie du dich ab und zu selbstbewusst umsiehst, um freudig festzustellen, dass sich immer mehr hinter dir ansammelt. Mit jedem Schritt, den du machst, nimmt das Vertrauen zu, und du musst dich nicht einmal umdrehen, um das zu kontrollieren. Jeder Atemzug gibt dir mehr Klarheit darüber, dass jetzt der Zeitpunkt da ist, ab dem es einfach so ist, für immer und ewig!

Ich bin ein Magnet für Gesundheit und Heilung. – Selbst um Heilung musst du dich nicht mehr kümmern, denn in deinem Körper sind ganz viele selbstkorrigierende Programme entstanden, die Gesundheit als natürlichen Status deines neuen Bewusstseins betrachten. Die Kommunikation mit deinem Körper wird dir immer einen Hinweis geben, wenn es einer Kurskorrektur bedarf. Du verstehst jenen und führst diese dann selbstverständlich und vertrauensvoll aus.

Ich bin ein Magnet für harmonische Beziehungen. – Die harmonische Ausrichtung auf dein Herz wird dir eine vollkommen neue Basis für Beziehungen erschaffen. Eine ganz neue, liebevolle Haltung zu dir selbst und deinem Leben wird sich auch auf dein Resonanzverhalten auswirken und genau die Menschen in dein Leben bringen, mit denen du auf einer neuen Ebene der Kommunikation umgehen kannst.

Ich weiß, dass ich die Realität erschaffen kann, die ich möchte. – Diese neue Überzeugung wird stets größer werden, je mehr Erfolge du erzielen wirst. Sei dir sicher, dass du in diesem Moment alles in dir darauf ausrichtest, dass sich in deinem Leben das zeigt, was du brauchst. Konzentriere dich aber vor allem auf die Sehnsucht in deinem Herzen, und werde dir bewusst, dass es sinnlos ist, Realitäten, die dir keine Freude bescheren, erschaffen zu wollen.

Meine Größe und mein Wert wachsen durch alles, was ich tue. – Das ist die Spirale des Erfolgs. Das ist die magnetische Kraft der Liebe.

Das ist die Kraft der Sehnsucht. Mit deinem neuen, spirituellen Geldbewusstsein wirst du genau das erfahren.

Alles Geld, das ich ausgebe, bringt mir Freude. – Was du tust, mit einem offenen Herzen zu tun, wird liebevolle Erfahrungen nach sich ziehen. Spirituelles Geldbewusstsein ist ein Bewusstsein der Freude. Sinnloses Geldausgeben wirst du immer seltener erleben. Ein freudvoller Austausch von Energie wird dein Leben bestimmen. Du gibst Energie in Form von Geld und erhältst Energie in Form von Freude und Liebe zurück.

Ich empfange alle guten Dinge, die mein höheres Selbst mir zu geben hat. – Und da gibt es so vieles, was du noch nicht entdeckt hast! Je stärker du in Verbindung mit dieser höchsten Instanz in dir trittst, desto mehr bist du in der Lage, die Perlen zu sehen, die dein höheres Selbst wie eine Kette vor dir ausgelegt hat, der du folgen kannst.

Ich gebe mir die Erlaubnis, das zu haben, wonach ich mich sehne. – Das ist wohl die schlaueste Entscheidung deines Lebens. Ja, öffne dich für das spirituelle Geldbewusstsein, und lasse dir geben, was dir zusteht.

Ich verdiene ein wundervolles Leben. – Dir wird mit deiner Geburt ein wundervolles Leben geschenkt, und es liegt an dir, dich wieder daran zu erinnern. Die kristalline Matrix wird dich in Verbindung mit diesem alten Wissen über dich selbst bringen, und du wirst immer tiefer zurück in die Vollkommenheit geführt.

Ich verdiene ein freudvolles Leben. – Wunder oder Freude sind andere Ausdrücke für das Überfließen. Je mehr Wunder du geschehen lässt, desto mehr natürliche Freude wirst du erfahren. Sei dir der Kraft der Wunder bewusst, und nimm die Wunder in deinem Leben wahr. Schreibe sie auf, und überzeuge dich davon, dass du bereits unzählige wundervolle Augenblicke erlebt hast und sie ein Teil deines Lebens sind.

Ich verdiene ein wundervolles Leben voll von Überfluss. – Du hast bereits ein wundervolles Leben. Erinnere dich an diese Tatsache, und lasse diesen Glauben in deinem Alltag Realität werden.

Ich verdiene ein Leben voll von guten Freunden. – Gute Freunde und das Vertrauen auf sie sind ein Ausdruck deines Urvertrauens in das Leben. Deine Freundschaften sind ein ganz besonderer Ausdruck deines eigenen Seins. Betrachte deine Freundschaften und wie du mit ihnen umgehst, sie empfindest und sie erlebst. Sind sie frei, oder sind sie voll von Bedingungen und Erwartungen?

Ich verdiene ein Leben voll von bedeutenden Ereignissen. – Diese werden sich einstellen, wenn du wirklich deinem Herzen folgst. Dein Leben wird dann wirklich voll sein von wichtigen Ereignissen. Dem Herzen zu folgen, bringt echten Erfolg. Du erlebst dann ein vollkommenes Leben voll von schönen Situationen.

Ich vergebe mir selbst, weil ich weiß, dass ich immer das nach meinem Wissen Beste tue. – Bis vor Kurzem warst du vielleicht noch das Opfer deiner Umstände. Doch in dem Augenblick, in dem du Verantwortung übernimmst, öffnet sich dir eine unwahrscheinliche Kraftquelle. Dir wird dann bewusst, wie wenig du in der Vergangenheit dadurch, dass du dich unbewusst verhalten hast, dein Leben aktiv beeinflusst hast. Du hast einfach nach deinem besten Wissen, aus Erfahrungen und Erklärungen deiner Eltern und Lehrer das getan, was dir eben möglich war. Die Kraft der Vergebung, auch dir selbst gegenüber, wird ganz neue Potenziale in dir freisetzen.

Ich nehme mir die Zeit, mein Gefühl zu befragen, was ich möchte. – Das reine Gefühl wird dir das völlige Urvertrauen wiederbringen. Die Verbindung mit ihm war eine Zeit lang unbewusst, nie aber unterbrochen. Je größer der Stellenwert ist, den du deinem Gefühl gibst, desto erfolgreicher wirst du sein. Das bedeutet auch, vollkommenes Vertrauen zu haben, denn die Ergebnisse sind nicht immer gleich sichtbar. Es wird auch solche geben, die eher für das Gegenteil sprechen. Deswegen nimm dir wirklich viel Zeit dafür, diese Gabe in dir zu entwickeln und immer sicherer darin zu werden. Dann kannst du auch den Zweiflern einen Beweis liefern, dass dein Weg richtig ist. Dies sollte nicht deine Motivation sein, doch es gibt dir ein schönes Gefühl, wenn dein Umfeld sehen kann, wie du dich entwickelst, und es dich um Rat fragt. Wenn du die Meisterschaft darin entwickelt hast, deinem Herzen zu folgen, bist du eine Führungskraft der neuen Zeit.

Ich kenne meine Größe, und ich ehre meinen Wert. – Das ist eine spannende Erkenntnis. Denn dein Wert, also das, was du von anderen für deine Dienstleistung oder dein Produkt bekommst, wächst exponentiell zu der Akzeptanz deiner eigenen Größe. Wenn du integer damit umgehst und immer fern von Hochmut, Gier und der Inhaltslosigkeit gut klingender, aber doch leerer Worte bleibst, dann wirst du ein Wunder nach dem anderen erleben.

Ich akzeptiere Wohlstand und Überfluss in meinem Leben. – Akzeptiere, dass dir das zusteht! Dir und allen anderen Menschen auf der Welt.

Mein höheres Selbst bringt mir alles, was ich brauche, zur idealen Zeit und auf die perfekte Weise. – Dein höchstes Bewusstsein hat immer den Überblick und weiß genau, wie das Orchester harmonisch zusammenspielt, sodass eine Melodie entsteht, die voller Liebenswürdigkeit durch das ganze Universum hallt. Das Orchester ist dein Leben, der Komponist dein höheres Selbst, der Dirigent dein Herz, die Musiker sind deine Mitmenschen und die Situationen und Gegebenheiten in deinem Leben. Das höhere Selbst kennt die Partitur und weiß genau, wie es am Ende klingen muss, dein Herz schwingt sich auf dessen genaue Intention ein und führt dich zu den leisen Klängen hin und zeigt dir, wie die dynamischen und kraftvollen Stellen klingen müssen, damit am Ende ein Kunstwerk von unbeschreiblicher Güte und Schönheit entsteht. Ist alles richtig orchestriert, kommt das Kunstwerk in seiner ganzen Grandiosität zum Klingen.

Ich lebe in einer Welt voller Überfluss. – Wenn du dich aus einer Welt des Mangels verabschiedest und die Ganzheit der Meistermatrix in dir wieder entstehen lässt, wirst du eine überfließende Welt erleben. Immer – ohne Ausnahme.

Alles in meinem Universum ist perfekt. – Nimm dies genau so an. Der Dirigent hat sicherlich Vorlieben für ganz bestimmte Instrumente, wenn er sie allein hört. Doch er weiß, dass er auch die anderen Instrumente benötigt, um einen harmonischen Klangkörper zu erzeugen. Alles in seinem Leben, dem Orchester, ist zusammen perfekt!

Ich verdiene Überfluss in allen Bereichen meines Lebens. – Wer sonst außer dir? Du darfst so denken, denn das ist keinesfalls egoistisch. Jeder darf so denken. Und wenn jeder so denkt und jeder will, dass auch alle anderen so denken können, dann erschafft er sich eine Welt voller Fülle und Überfluss.

Ich nehme die Kraft des Lichts in Anspruch. – Licht ist Energie, Liebe ist Energie, Geld ist Energie. Spirituelles Geldbewusstsein führt dich dahin, die Kraft im Geld zu entfesseln und sein Licht weit in dein Leben strahlen zu lassen. Lasse das Licht der Liebe zu dir, in dein Leben und auf dein Geld scheinen, und denke immer daran: »Ich liebe Geld, und Geld liebt mich.«

Ich lebe in einer reichen Welt. – Die Welt ist voll von Bewusstsein, das sich momentan selbst erneuern möchte. Wenn du dich dem ganz hingibst und geschehen lässt, was in dieser Selbsterneuerung geschehen muss, dann wirst du schon sehr bald sehen, wie in dieser Welt des Schuldbewusstseins und der Überschuldung ein Licht nach dem anderen entflammt, sich ausbreitet und eine Welt der Leichtigkeit, der

Reinheit und des Reichtums entsteht. Du erschaffst durch dich und dein Sein eine reiche Welt.

Alles in meinem Universum ist perfekt. – Das ist kein Druckfehler. Es ist so wichtig, dass wir es noch einmal wiederholen. Ja, vertraue auf eine perfekte Welt, und lasse in der sich selbst heilenden Zeit die Vollkommenheit erwachen.

Wenn ich dem Weg meines Herzens folge, bin ich immer mit Reichtum versorgt. – Das hört sich nicht nur stimmig an, ich konnte in meinem Leben auch genügend Beweise dafür sammeln, dass alle vom Verstand gelieferten Einwände nicht zutrafen, wenn ich mich ganz bewusst dafür entschieden habe, eine Entscheidung aus dem Herzen zu treffen. Das Herz ist die Tür zum großen Komponisten des Lebens.

Die neue Zeit wird dir immer mehr Möglichkeiten bieten, dieses Lebensprinzip auszuprobieren, und es wird niemals die letzte sein. Du kannst also erst einmal beobachten und dich damit entschuldigen, dass es sicherer ist. Doch das wird nichts ändern. Du bleibst in der Wiederholungsschleife und bekommst immer eine neue Chance. Doch die der Freude entgegensteuernde Energie der Verzweiflung bekommt dann immer mehr die Oberhand und kann deinen Körper und deine Psyche so sehr beeinflussen, dass daraus Entwicklungen resultieren, die nicht auf deiner Wunschliste stehen. Wann also beginnst du damit, dir selbst und deinem reinen Gefühl zu glauben?

Ich lebe in allen Bereichen meines Lebens voller Überfluss. – Das ist der größte Wunsch, den ich für mich und dich habe. Und du kannst dir sicher sein, dass du in allen Bereichen gleichzeitig Überfluss erleben kannst. Nicht nur finanziell, sondern gleichzeitig in deinen Beziehungen und in deinen Freundschaften und in Bezug auf Gesundheit, schöne Erlebnisse und Lebensfreude.

Ich bin die Quelle meines Überflusses. – Wenn du das erkannt hast und der kollektiven Vorstellung von Überfluss als Sich-Befüllen im Außen nicht mehr folgst, dann hast du es geschafft! Kein Heiler kann dich heilen außer dir selbst. Kein Partner kann dich reich machen außer dir selbst. Kein Mensch kann dich so lieben, dass du dich dauerhaft und tief geliebt fühlst, außer dir selbst. Du bist die Quelle alles Guten. Du bist die Meisterin, der Meister, der Engel und das Göttliche, alles in einem.

Ich überwinde alle Begrenzungen. – Das ist möglich, wenn du dir eingestehst, dass du ganz bist. Es ist die logische Folge der Verschmelzung von Herz und Verstand, und es ist das Produkt des Einsseins mit allem, was ist.

Ich lebe in einer grenzenlosen Welt. – Beginne also noch heute, deine Grenzen einzureißen. Du musst keine Grenzen aufbauen, um ein Feld von Sicherheit zu erschaffen. Lerne, dich auf natürliche Weise abzugrenzen, bis du die Kraft der Ganzheit entwickelst. Hast du das einmal erreicht, benötigst du keinen Schutz mehr, dann hast du die Kraft des unbesiegbaren Drachens, der ein liebendes Herz voll von göttlichem Bewusstsein in sich trägt. Du benötigst dann keine Grenzen mehr und kannst dich ganz dem überfließenden Universum hingeben.

Ich lebe ein Leben voller Überfluss. – Ja, das erwartet dich. Du liest diese Zeilen nicht zufälligerweise, sondern weil du auf dem Weg bist, dir dieses Bewusstsein zu erschaffen und es zu leben.

Ich erschaffe alles, was ich möchte, mit Energie. – Die Energie ist es, worum es geht. Wenn du erkennst, dass du selbst ein Energiewesen bist, das auf die physikalischen Gesetzmäßigkeiten von Energie reagiert und innerhalb dieser Gesetzmäßigkeiten wechselwirkt, wirst du dir deiner ganzen Kraft bewusst. Öffne dich jetzt dafür, alles über dein Energiefeld zu erfahren, es zu verändern und das, was du empfängst, und das, was du aussendest, daran anzupassen, was der Wahl deines Herzens entspricht.

Gute Dinge kommen ganz einfach zu mir. – So ist es, wenn du genau diese Frequenz aussendest. Hast du gelernt, dass du hart arbeiten musst für deinen Erfolg, oder kommt er immer ganz leicht zu dir? Entwickle jetzt diesen neuen Glauben, und erwarte, dass die Dinge ganz einfach zu dir kommen – du bist der Magnet!

Alle Antworten sind in mir selbst. – Die Meisterin, der Meister ist in dir. Alle Antworten werden aus der Instanz des höchsten Bewusstseins zur dir kommen. Du bist die Quelle dafür, den Zugang dafür findest du in deinem Inneren. Die kristalline Matrix hilft dir dabei, dies zu erkennen.

Ich folge meiner inneren Weisheit. – Die innere Weisheit ist die höchste Weisheit. Doch nur, wenn sie aus deinem Inneren kommt, ist sie deine Weisheit und wird von deiner Seele als wahrhaftige und authentische Weisheit anerkannt. Je mehr Bedeutung du also dieser inneren Weisheit gibst, desto näher wirst du deinem wahren Leben sein.

Es kommt immer mehr Geld herein, als hinausgeht. – Dieser Glaube sagt alles, was in Bezug auf finanziellen Überfluss notwendig ist. Er führt dazu, dass du immer im Guthaben bist und niemals im Mangel. Dein höchstes Ziel sollte es sein, immer im Guthaben zu leben.

Ich wertschätze meine Zeit und meine Energie. – Denn sie sind das Wertvollste, was du zu geben hast. Und dadurch, dass du dir selbst einen hohen Wert beimisst, machst du dich zum Magneten, der alles auf einfache Weise anziehen kann: Gesundheit, liebe Menschen und kreative Augenblicke.

Ich weiß, was in meinem Leben wichtig ist, und ich konzentriere mich darauf. – Du merkst, wie eine Transfirmation in die andere greift und wie sie sich wechselseitig dabei unterstützen, deinem spirituellen Geldbewusstsein das zu geben, was es jetzt benötigt. Die neue Zeit wird viele Geschenke bereithalten, und selbst deine Hirnnerven werden ein Update bekommen. So können die Information, die du in deinem Alltag aufnimmst, auf neue, gezielte und konzentrierte Weise verarbeitet werden, und du wirst immer differenzierter und fokussierter in deiner Wahrnehmung. Öffne dich also dafür, dass die 12 Hirnnerven auf energetischer Ebene eine Art von Neukonfiguration erfahren und dein Gehirn neue Synapsen in Bezug auf Geld und Wertbewusstsein bilden kann. Dein neues Denken darüber macht dich dann zu einer Führungskraft, die unsere Welt braucht, um das Geldsystem zu verändern und den Menschen das bereitzustellen, was in dieser neuen Zeit auf neue Weise funktionieren kann.

Ich bin offen für das Empfangen. – Der Grad deiner Offenheit bestimmt, wie leicht du die Mannigfaltigkeit des Überflusses empfängst.

Je offener du auch die subtilen Geschenke empfängst und sie dankbar annimmst, desto mehr werden sich dein Universum, dein Alltagsleben und dein Energiefeld daran gewöhnen, dass das Empfangen jetzt zu dir gehört. Lehne also nicht aus irgendeiner alten Konditionierung heraus Dinge ab, die dir zufließen, sondern öffne dich für das Empfangen.

Ich erlöse alle meine Gedanken des Mangels und fokussiere mich stattdessen auf das, was ich habe. – Solange du dich im Außen ausschließlich auf das fokussierst, was du haben möchtest, suggerierst du dir auf einer ganz subtilen Ebene stets, dass es, so wie es ist, mangelhaft ist. Der Teil deines konditionierten Selbstbildes, der dein Mangeldenken aufrechterhält, wird so weiterhin genährt und kann niemals vollkommen erlöst werden. Nimm immer das, was du bereits bist, als Basis dafür, mehr entstehen zu lassen, und spüre in diesem Prinzip das echte Wachstum.

Ich weiß, dass meine Seele voller Überfluss ist. – Deine Seele kennt alles von dir. Sie funktioniert wie eine Art Camcorder. Immer wenn du in ein neues Leben kommst, schaltet sich der Aufnahmemodus ein, und es wird alles aufgezeichnet. Hunderte, Tausende, Zehntausende Leben und alle Erfahrungen und Erkenntnisse daraus kannst du über die Verbindung mit deinem höchsten Bewusstsein und deiner Seele abrufen und wieder aktivieren. Du bist voller Überfluss, und es ist alles bereits in dir!

Mein Geld arbeitet für mich, um meinen Wohlstand, meine Freude und meine Lebendigkeit zu vergrößern. – Mache das Geld zu deinem Freund. Versetze dich in die Situation eines Arbeitgebers, und werde dir dessen bewusst, wie du einen Mitarbeiter behandeln würdest, um ihn aufs Höchste zu motivieren und deine Visionen zu teilen. Die wesentlichsten Instrumente wären Wertschätzung, Bewunderung, Respekt, Anerkennung und Liebe. Doch diese Instrumente kannst du nur dann anwenden, wenn du sie dir selbst gegenüber entwickelt hast. Beginne also, dich mehr zu wertschätzen, dich mehr zu bewundern, dich mehr zu respektieren, dir mehr Anerkennung zu schenken und dich so zu lieben, wie du bist. Mache dies gleichzeitig auch mit deinem Geld und dem Geld aller anderen. In einem ewigen Kreislauf von Wohlstand und Überfluss brauchst du die Begrenzung von »mein Geld – dein Geld« nicht mehr. Alles Geld ist eine Energie. Alles Geld ist Teil des Universums, und je weniger Trennung du erschaffst, in desto mehr Überfluss wirst du leben. In einem Moment ist das Geld, also diese Form von Energie, bei dir, und in einem anderen Moment fließt sie weiter. Je mehr du dieses Prinzip des Fließens und der immerwährenden Bewegung integrieren kannst, desto kraftvoller wirst du im ewigen Fluss des Geldes verankert sein, und die Wellenbewegung nimmt immer mehr an Kraft zu. Größere Wellen erzeugen eine stärkere Kraft, und irgendwann ist sie nicht mehr zu stoppen. Das ist das Prinzip, nach dem Geld für dich arbeiten möchte, wenn du es lässt.

Ich bin finanziell unabhängig und frei. – Das bist du bereits, wenn du dich daran erinnerst und die künstlichen Begrenzungen fallen lässt.

Ich bin zeitlich unabhängig und frei. – Denke, wenn du an finanziellen Überfluss denkst, immer auch an das echte Leben. Wahre Glückseligkeit entsteht aus dem Sein und dem Ausdruck deiner Herzenswünsche. Ein ausbalanciertes Verhältnis von Arbeit und freier Zeit ist der Garant dafür, dass du weiter im Superflow bleibst. Gerade zu Beginn der Reise hin zum Ausdruck deines Herzens benötigt es mehr Aufmerksamkeit, als du ihm bisher möglicherweise gegeben hast. Plane also viel Zeit dafür ein, und lebe dein Leben. Nicht später, sondern jetzt!

Ich bin persönlich unabhängig und frei. – Finanzielle Abhängigkeit von anderen Menschen, einer Firma oder einer Organisation lässt dich niemals echte Freiheit erleben. Deinem Herzen zu folgen und deine Fähigkeiten kreativ auszudrücken, müssen nicht zwangsläufig in beruflicher Selbstständigkeit geschehen. Achte jedoch darauf, dass du dich als Mensch und Seelenwesen ganz entfalten kannst und auch deiner Persönlichkeit den Rahmen verschaffst, den du brauchst, um dich fühlen zu können. Deine Wahrhaftigkeit ist dein Antrieb, der dich zu weiteren glückvollen Momenten bringt. Die Liebe in deinem Herzen und zum Leben ist der Treibstoff dafür. Deine Wahrhaftigkeit auszuleben und die Liebe in dir ergänzen sich also gegenseitig und müssen immer in einem ausgeglichenen Verhältnis vorhanden sein. Ist dies nicht gegeben, beginnt das Leben, auf die eine oder andere Weise zu stagnieren. Sollte dies heute der Fall sein, beginne jetzt damit, deine Persönlichkeit zu befreien!

Integriere nun alle Transfirmationen zuerst mit der MDSI in dein körperliches, energetisches, mentales, emotionales und spirituelles System. Gehe also nun zurück auf Seite 81, und beginne bei der ersten Transfirmation von Teil 3. Dabei liest du nur die fettgedruckte Transfirmation und wiederholst sie ein paar Mal, indem du die MDSI anwendest, und gehst dann zur nächsten Transfirmation über, bis du bei der letzten von Teil 3 angelangt bist. Danach legst du das Buch am besten wieder für ein paar Stunden aus der Hand und liest erst später oder morgen weiter.

Dein neues Geldbewusstsein Teil 4

Ich weiß, wann ich geben muss und wann ich empfangen kann. – Die ganze Erde, ja, das ganze Universum hat eine Schwingung, deren Gesetzmäßigkeiten wir mit unserem menschlichen Verstand schwer erfassen können. Das kollektive Bewusstsein schwingt ebenfalls in diesem Rhythmus, der letztlich auch dich als einzelnen Teil des Menschheitsbewusstseins mitbewegt. Dieses Auf und Ab hat Einfluss auf alles in deinem Leben. Wenn du dich auf diese subtilen energetischen Schwingungen ausrichtest und lernst, mit ihnen zu schwingen, dann wirst du immer genau wissen, was zu tun ist. Du wirst wissen, wann die Zeit da ist, zu geben, zu investieren und zu fokussieren, und wann du dich zurücklehnen kannst, um zu genießen und zu empfangen.

Ich wähle genau die Realität, die ich erleben möchte. – Du bist der Schöpfer deines Lebens. Akzeptiere diese Tatsache, und triff Entscheidungen aus dieser Haltung heraus. Wenn du von der inneren Überzeugung loslässt, das nicht zu können, öffnet sich die Türe des Vertrauens zu deiner Kraft. Folge Schritt für Schritt der Sehnsucht deines Herzens, und werde dir der Kraft der freien Wahl bewusst. Herzenskraft ist Schöpferkraft, doch du erhältst sie nur dann, wenn du auch bedingungslos deinem Herzen folgst. Dann wirst du erleben, was es bedeutet, die freie Wahl zu haben und frei zu sein.

Alles, was ich anderen gebe, ist ein Geschenk an mich selbst. – Gib die Trennung und Abspaltung auf. Die ganze Erde mit all ihren Bewohnern ist ein großes Sparkonto. Wenn du etwas gibst, dann zahlst du einen Beitrag ein, der dir immer auch selbst zur Verfügung steht, wo er auch gerade im gesamten Kraftfeld des Geldbewusstseins kursiert. Tritt ein in den Reichtum und Wohlstand dieser Erde, und löse die Begrenzungen auf. Alles fließt wieder zurück zu dir selbst. Alles ist energetisch eins.

So, wie ich gebe, empfange ich auch. – Deine Haltung und deine Emotionen speisen das spirituelle Geldbewusstsein genauso wie deine Intention beim Geben. Ob du dein Geld voller Wahrhaftigkeit und Integrität oder neidvoll und von Gier geprägt investierst, wird die Weise bestimmen, auf die du es empfängst. Das dich immer umgebende Energiefeld ist sehr intelligent und spiegelt dir immer dein eigenes Verhalten und deine Gefühle wider. Gib also dein Geld mit einem guten Gefühl aus und in dem Vertrauen, dass es zehnfach, hundertfach oder millionenfach wieder zu dir zurückkehrt.

Mein Geld ist Energie, und es wartet auf meine Aufforderung, Gutes in meinem Leben zu erschaffen. – Das Energiefeld deines spirituellen Geldbewusstseins ist die Grundlage dafür, was mit deinem Geld geschieht. Je positiver und liebevoller deine Grundhaltung ihm gegenüber wird, desto mehr fühlt es sich geneigt, bei dir zu sein. Als kleiner Junge habe ich mit meinem Opa oft mit seinen alten Münzen gespielt. Er hatte eine große Kiste voller Geldstücke aus allen Ländern dieser Erde. Wir haben diese sortiert, und ich war fasziniert von den vielen Prägungen der Münzen. Voller Freude. Doch immer, wenn wir fertig gespielt hatten, gab es eine lange Predigt darüber, wie schmutzig das Geld sei, wie viele Menschen mit ihren Keimen und Bakterien das schon angefasst hätten und wie krankmachend das sei. Meine Meinung über Geld war also: Es ist krankmachend, schmutzig und schlecht. Dieses echt schöne Zusammensein mit meinem geliebten Opa hat also trotz der positiven Seiten seine negativen Spuren hinterlassen, und die haben die folgenden dreißig Jahre meines Lebens in Bezug auf Geld bestimmt. Heute weiß ich, dass mir kein Keim und kein Bazillus etwas anhaben kann, wenn ich wähle, gesund zu sein. Heute küsse ich sehr oft meine Geldscheine und bringe ihnen meine ganze liebevolle Aufmerksamkeit entgegen. Nicht nur meinem, sondern allem Geld. Ich finde es wunderbar, wenn Menschen erfolgreich sind und sich tolle Dinge leisten können, es macht mich glücklich zu sehen, wenn Menschen Freude an und mit Geld haben. Denn letztlich geht es um die Freude und das Liebesglück, und mit dieser Energie kann Geld sehr viel Gutes in deinem Leben erschaffen.

Ich wähle Überzeugungen, die mir Lebendigkeit und Wachstum bescheren. – Weißt du, was es bedeutet, Lebendigkeit zu fühlen? Stelle dir vor, wieder ganz befreit zu sein und all das machen zu können, was ein Kind machen würde. Es lebt immer aus dem Moment und tut Dinge, die es glücklich und lebendig machen. Was musst du also glauben, um wieder in diesen kindlichen Zustand zu kommen? Welchen Glauben über dein Leben musst du dafür jetzt aussortieren?

Ich setze meine Zeit und meine Energie dort ein, wo es die großartigsten Ergebnisse bringt. – Das großartigste Ergebnis ist für mich immer Frieden, Gelassenheit und Vertrauen. Das ganze Streben um Geld und Erfolg macht nur dann Sinn, wenn du damit andere Ziele anstrebst, die mit der größten Freude für dein Leben zu tun haben. Es sind immer die Ergebnisse von Belang, die am meisten Liebesenergie enthalten. Diese Überzeugung könnte also auch lauten: Ich setze meine Zeit und meine Energie dort ein, wo ich die größte Liebe wahrnehme.

Ich weiß, dass ich mir die Realität erschaffen kann, die ich möchte. – Immer wieder wird dir das bewusst werden, wenn du dein Leben betrachtest. Je bewusster du wirst, desto mehr wird dir auch auffallen, dass selbst die unangenehmen Situationen und Erlebnisse, alle Herausforderungen und Lebensthemen ein Produkt deiner eigenen Schöpfung sind. Du wirst mit zunehmendem Bewusstsein immer mehr zur Managerin, zum Manager deines Lebens werden und alles darin als deines anerkennen. Das öffnet dir den Zugang zur menschlichen Kraft, die uns allen innewohnt.

Ich denke über meine Zukunft voller Optimismus und Hoffnung nach. – Zu deiner Ganzheit zurückzufinden, gibt dir eine immer festere Verbindung mit dem reinen Gefühl der unendlichen Möglichkeiten.

Dieses reine Gefühl ist gleichbedeutend mit tiefstem Urvertrauen. Die Quelle dafür ist in dir, das weißt du. Sie wird überfließen, wenn du die Potenziale der Meisterschaft wieder in dir entdeckst und die Liebe, die Wertschätzung, die Anerkennung und die Bewunderung in dir selbst findest, anstatt sie von außen und aus deinem Umfeld zu erwarten.

Ich sende anderen Menschen Gedanken des wachsenden Wohlstands. – Mache das immer wieder. Ich sitze gerade im Zug, während ich diese Zeilen schreibe, und ich sende Gedanken des wachsenden Wohlstandes an all die vielen Menschen um mich herum. Mit einem liebenden Herzen wünsche ich ihnen, mehr zu haben, als sie benötigen. Ich wünsche ihnen von Herzen, dass sie ihr wahrhaftiges Wesen entdecken und über sich hinauswachsen können. Ich segne sie mit der Kraft der kristallinen Dimension und übergebe ihnen energetisch dieses Geschenk für die neue Zeit. Mögen sie die Weisheit entwickeln, es anzunehmen.

Ich lade das Gute in mein Leben ein und erlaube ihm, hier zu sein. – Viele Menschen fragen sich, warum sie ihre Manifestationen nicht aufrechterhalten können. Warum sie zwar immer wieder Gutes erfahren, es aber nicht für längere Zeit bleibt und sie diese Erfahrung nicht wirklich auskosten können. Ihr Selbst muss darauf möglicherweise neu konditioniert werden. Sei du dir deswegen ganz bewusst darüber, wie notwendig es ist, dem Guten auch zu erlauben, zu bleiben – so lange, wie es dir dient.

Ich vergebe mir selbst. – Das enthält die wohl größte Kraft der Transformation in das spirituelle Geldbewusstsein. Um dir selbst zu vergeben, musst du dir all der Dinge bewusst werden, die unterbewusst möglicherweise noch einen Einfluss darauf haben, dass du Geld, Reichtum und Wohlstand nicht anziehst wie ein Magnet.

Erfahrungen und Erlebnisse, deretwegen du dich bewusst oder unbewusst schuldig fühlst, haben darauf einen enormen Einfluss. Deshalb bitte ich dich, die folgende Übung zu machen:

Erinnere dich in einer kleinen Kontemplation an Situationen, die du mit Geld im Laufe deines Lebens hattest. Lies den ersten Satz, und schließe dann deine Augen. Lasse Bilder, Gefühle und Personen vor deinem inneren Auge auftauchen, die mit dieser Situation in Verbindung stehen. Du musst nicht wissen, welcher Teil der Erinnerung mit einem Schuldgefühl behaftet ist. Vertraue darauf, dass alle notwendigen Bilder präsent sein werden. Stelle dir dann einen großen, schwingenden, roten Kristall in deiner Brustmitte vor, und spüre, wie er von der Liebeskraft der göttlichen Mutter angefüllt ist. Nimm alle Bilder, Gefühle, Emotionen und Menschen aus deiner Erinnerung in dieses Schwingungsfeld in deinem Herzen, und sprich dann, wenn du das Gefühl hast, es ist der richtige Zeitpunkt, die Transfirmation »Ich vergebe mir selbst« laut aus. Spüre und atme – und gehe dann zum nächsten Satz. Führe diese Schritte mit allen Sätzen durch, und befreie dich damit aus dem Gefängnis von unbewussten Schuld(en)mustern in Bezug auf Geld.

- Erinnere dich an eine Zeit, in der du jemandem Geld gegeben hast.
- Erinnere dich an eine Zeit, in der dir jemand Geld gegeben hat.
- Erinnere dich an eine Zeit, in der jemand jemand anderem Geld gegeben hat.
- Erinnere dich an eine Zeit, in der du jemandem Geld vorenthalten hast.
- Erinnere dich an eine Zeit, in der dir jemand Geld vorenthalten hat.
- Erinnere dich an eine Zeit, in der jemand jemand anderem Geld vorenthalten hat.
- Erinnere dich an eine Zeit, in der du Geld gestohlen hast.
- Erinnere dich an eine Zeit, in der dir jemand Geld gestohlen hat.
- Erinnere dich an eine Zeit, in der jemand jemand anderem Geld gestohlen hat.
- Erinnere dich an eine Zeit, in der du Geld verschenkt hast.
- Erinnere dich an eine Zeit, in der dir jemand Geld geschenkt hat.
- Erinnere dich an eine Zeit, in der jemand jemand anderem Geld geschenkt hat.
- Betrachte Betrug, Unterdrückung und Lügen in Bezug auf Geld so lange, bis du im Frieden damit bist.
- Betrachte Gier in Bezug auf Geld so lange, bis du im Frieden damit bist.
- Erinnere dich an eine Zeit, in der deine Armut Probleme gelöst hat.

- Erinnere dich an eine Zeit, in der deine Armut bequem war.
- Erinnere dich an eine Zeit, in der Geld Probleme gelöst hat.
- Erinnere dich an eine Zeit, in der Geld bequem war.
- Was empfindest du, wenn andere Menschen viel Geld, Macht und Wohlstand haben, du aber nicht?
- Was empfindest du, wenn du viel Geld und Wohlstand hast, aber andere nicht?
- Was empfindest du dabei, anderen Wohlstand und Geld zu gönnen und zu wünschen?
- Was empfindest du dabei, anderen Armut zu gönnen?

Genieße die Zeit in deiner neuen Freiheit!

Ich vertraue auf meine ständig wachsende Kraft, Wohlstand und Überfluss zu erschaffen. – Du bist die einzige Person, die diesen Wohlstand in deinem Leben erschaffen kann. Die Energien der neuen Zeit wollen den bewussten Schöpfer belohnen und ihm übermäßigen Wohlstand in allen Bereichen des Alltagslebens ermöglichen. Beginne also, mit dieser Kraft zu spielen, und probiere aus, was du damit erreichen kannst. Vertraue darauf, dass du genügend Zeit hast, meisterlich darin zu werden.

Ich fühle mich gut beim Ausgeben meines Geldes. – Jedes Mal, wenn du Geld mit einem großartigen Gefühl ausgibst, fütterst du dein Geldbewusstsein mit Freude. Nach dem Gesetz der Resonanz wird sich

Geld dann bei dir wohlfühlen, gern zu dir kommen und immer bei dir bleiben.

Ich weiß, dass ich die Realität erschaffen kann, die ich möchte. – Die neue Zeit gibt dir alle Möglichkeiten und Chancen, die Schöpferin, den Schöpfer in dir erwachen zu lassen. Niemals zuvor reagierte die Umwelt so stark auf deine Energien, und niemals zuvor war es von so großer Relevanz, dass du dir darüber klar wirst. Mache dir die Kraftpotenziale deines kristallinen Energiekörpers bewusst, und lasse die Schöpferin, den Schöpfer jetzt in dir erwachen.

Ich besitze großartige Fähigkeiten und Talente. – Nicht nur in diesem Leben hast du wunderbare Dinge gelernt. Erweitere deinen Horizont, und denke größer und weiter. Lasse das ganz Akasha-Potenzial sich in dir entfalten, und gehe viele Leben zurück. Denn in deinen früheren Leben gibt es viel, was du bereits entwickelt hast, und all das ist in deiner DNS verfügbar. Es geht darum, die Erinnerungen an all diese Potenziale wieder zu aktivieren, die du in deinen Inkarnationen zur Vollendung gebracht hast. Du kannst dir diese jetzt mit deinem wachsenden Bewusstsein zunutze machen. Lasse es Hunderte oder Tausende Leben gewesen sein. Stelle dir die riesige Anzahl von Leben vor, die du hattest. Sie enthalten in ihrer Summe so viele Potenziale, und du hast die freie Wahl. Auch wenn du in jedem dieser Leben nur eine einzige Sache ganz besonders gut gemacht hast – 300, 2000 oder 8000 Mal etwas ganz besonders gut gemacht zu haben, ist gewaltig!

Vielleicht warst du in einem Leben eine ganz besonders liebevolle Mutter, in einem anderen ein erfolgreicher Geschäftsmann, in einem anderen wiederum hattest du den schlanken, vitalen und sportlichen Körper, nach dem du dich jetzt vielleicht sehnst. Ein anderes Leben war bestimmt von deiner Fertigkeit als Handwerker oder einem Talent als Schriftsteller, als Maler, oder du hast deine Kreativität auf eine andere Weise ausgelebt und dein Talent mit größtem Erfolg ausgeübt. Es gab mit Sicherheit auch ein paar Leben, in denen dein Körper vollkommen gesund war. Du hast das alles bereits erreicht, wonach du dich jetzt von Herzen sehnst. Diese Informationen des Heilseins und des Erfolges sind alle in deiner DNS abgespeichert. Dein Bewusstsein kann sich an alle Informationen erinnern, und du öffnest dich für Möglichkeiten, die in deinem bisherigen Leben vielleicht brachlagen, weil du keine Ahnung davon hattest, wie einfach du auf das, was in deinen Zellen liegt, zurückgreifen kannst.

Stelle es dir vor wie ein Lagerhaus, in das du hineingehen kannst und in dem all das vorhanden ist, was du benötigst, um ein bestimmtes Talent zu entwickeln. Du musst es da nur herausholen. Nur ein kleiner Teil dieses Lagerhauses namens DNS ist wissenschaftlich verstanden, etwa 4 %. Was ist also mit den restlichen 96 %? Die Wissenschaft wird sie erst dann verstehen, wenn sie sich dafür öffnet, dass es einen feinstofflichen Anteil gibt. Darin befindet sich all das Nichtkörperliche, das Nichterklärbare und Nichtmaterielle.

Dein Bewusstsein kann jedoch auf alle diese Informationen zugreifen, sie wahrnehmen. Du lässt dein höchstes Bewusstsein in dieses

Lagerhaus hineingehen und alles herausholen, was du brauchst. Du hast dauerhaften Zugang dazu. Woher diese Fertigkeit kam, wie du sie erlangt hast, ist ganz unwichtig. Es geht allein darum, in deinem Herzen eine Sehnsucht zu spüren und wahrzunehmen, dass es sich um etwas Ureigenes, Altes von dir selbst handelt. Wenn du das als reines Gefühl wahrnimmst, dann kannst du dir ganz sicher sein, dass die Fähigkeit dazu bereits in dir ist. Denn was sich für dich vollendet anfühlt, wovon du dich angezogen fühlst, ist etwas, was zu dir gehört und aus dir herauskommen möchte. Die Entwicklung der Qualitäten der 12er-Matrix ist ein Wiederfinden dieser Potenziale in deiner DNS. Öffne dein Herz, erkenne, dass die Liebe in deinem Herzen das einzig mögliche Instrument ist, um dich wiederzufinden, zu spüren und wahrzunehmen. Nur wenn du deinem Herzen folgst und mit offenem Herzen durch dein Leben gehst, kannst du diesen Schatz erkunden.

Dann überreichst du dir eigenhändig den Schlüssel, mit dem du die Türen zu den Lagerhallen öffnen kannst. Dann kannst du Höchstleistungen vollbringen und über dich selbst hinauswachsen oder, besser gesagt, in dein wahres Wesen hineinwachsen. Je mehr du dein Leben aus deinem Herzen lebst, desto stärker wird es von deinem höchsten Bewusstsein geführt und zeigt dir den Weg hin zu all den Fähigkeiten und Talenten, die in dir schlummern und darauf warten, geweckt zu werden.

Ich bin offen, mein höchstes Gut zu empfangen. – Du musst dich wirklich dafür öffnen. Stelle dir immer wieder in deiner Visualisierung vor, wie Millionen deiner Zellen sich für all die Schätze öffnen wie eine Blume, die sich dem Sonnenlicht entgegenstreckt. Stelle dir vor, wie du durch die unterirdischen Gänge deines Unterbewusstseins wandelst und dort alle Türen öffnest, die bisher verschlossen waren und dich vom Guten getrennt haben. Lasse dein höchstes Gut und die Lebenskraft des spirituellen Geldbewusstseins und die Energie von Wohlstand und Überfluss in deiner Vorstellung im Bereich deines Nabels rotgolden glitzernd pulsieren, und öffne dich damit der kristallinen Dimension des Überfließens. Sei offen und bereit, anzunehmen und zu empfangen.

Ich kenne die Essenz dessen, was ich möchte, und ich bekomme es auch. – Lasse dich nicht von den Wünschen und Statussymbolen deiner Umwelt ablenken. Es geht immer nur darum, dich selbst zu speisen, und das kannst du nur mit dem tun, dessen Essenz mit deiner im Einklang schwingen kann. Orientiere dich also immer an deiner eigenen Sehnsucht, und werde dir seiner Essenz, also dessen bewusst, was dir Glückseligkeit bringt.

Ich lebe ein überfließendes Leben. – So ist es vorgesehen, und so kannst du es wählen. Erinnere dich daran, dass du möglicherweise einen anderen Lebensplan gewählt hattest, doch dass du in der neuen Zeit auch die Kraft hast, diesen zu verändern. Wenn du es also noch nicht bewusst getan hast, tritt in das spirituelle Geldbewusstsein der neuen Zeit ein, und lebe dieses überfließende Leben.

Ich erreiche meine Ziele und erfülle meine Wünsche und Sehnsüchte. – Die Ziele und Wünsche, die der Sehnsucht deines Herzens entspringen und völlig frei von jeglichem Ego sind, sollten die einzigen sein, um deren Manifestation du dich kümmerst. Alles andere kannst du getrost fallen lassen. Es kostet dich nicht nur unwahrscheinlich viel Energie und Kraft, Ziele zu erreichen, die nicht deinem Herzen entspringen, du wirst darüber hinaus merken, dass es, wenn du diese erreicht hast, keinerlei Freude für dich bereithält. Das Manifestieren wird dann zu einem leblosen Ritual, das dich nicht wirklich erfüllen kann. Lerne also, ganz eng in Kontakt zu sein mit deinem Herzen, und erkenne die zu dir passenden Wünsche.

Alles, was ich möchte, erschaffe ich ganz leicht und einfach. – Dein Herz weist dir dabei den Weg und führt dich über die Kraftmultiplikatoren der Liebe, den Enthusiasmus und die Freude, genau dorthin.

Ich denke in unendlichen Möglichkeiten. – Deine kindliche Fantasie wird wieder in dir erwachen, wenn du das innere Kind in dir freilässt. Lasse es spielen und fantasieren, gib ihm den Freiraum, verrückt zu sein, und lasse es sich an die höchste Weisheit in dir erinnern. Das führt zu großartigen Gedanken und gibt dir Einblicke in deine Zukunft. Du entwickelst die Fähigkeit, so fest an deine Visionen zu glauben, dass es keine Zweifel mehr an deren Echtheit geben wird. Entdecke die großartigsten Versionen deiner höchsten Vision von dir selbst. Diese kann nach der Gesetzmäßigkeit des spirituellen Geldbewusstseins in dieser neuen Zeit nur grandios sein.

Ich öffne mich dafür, mehr Liebe, Freude und Wohlstand zu empfangen. – Die Freude ist die Brücke vom Herzen zum Wohlstand. Enthusiasmus und Freude brauchen zum Leben die Liebe und den Wohlstand gleichermaßen, um sich zu nähren. Konzentriere dich also niemals nur auf das Manifestieren von Wohlstand, sondern lasse immer die Freude dabei sein. Mit ihr erschaffst du viel mehr auf leichtere Weise.

Ich erfahre in allen meinen Beziehungen Klarheit und Harmonie. – Auch diese beiden Eigenschaften ergänzen und unterstützen sich gegenseitig. Je klarer du bist, je besser du dich zum Ausdruck bringst und dein wahrhaftiges Selbst zeigst, desto leichter entsteht ein harmonisches Miteinander. Wenn du ein verdecktes Spiel spielst und deinem Gegenüber nicht dein wahres Gesicht zeigst, dann spürt es eine Dissonanz, die entfernt, statt harmonisch zusammenzuführen.

Ich ziehe Erfolg magnetisch an. – Das wirst du, wenn du wahrhaftig bist.

Ich ziehe Geld magnetisch an. – Sieh, wie es dir folgt und du aufgehört hast, ihm nachzulaufen.

Ich ziehe Liebe magnetisch an. – Weil du echt und wahrhaftig bist und dein Herz sich geöffnet hat.

Ich ziehe liebevolle Menschen magnetisch an. – Weil du dich so zeigst, wie du bist.

Ich ziehe Gesundheit magnetisch an. – Ein harmonisch ausbalancierter Körper, der Liebe und Lebendigkeit im Leben erfährt, ist nicht krank. Er ist stark und widerstandsfähig und kann mit allem umgehen.

Wenn ich tue, was ich liebe, fließen Geld und Wohlstand frei zu mir hin. – Dies ist das Gesetz der neuen Zeit. Geld und Wohlstand reagieren direkt auf das Liebesbewusstsein und die Glückseligkeit, die in deinen Zellen schwingt. Auch wenn du im ersten Moment vielleicht mit kurzfristigen Einschränkungen umgehen musst, wenn du einen alten Lebensstil aufgibst, musst du den Mut haben, genau dies zu tun. Es wird nicht lange dauern, und du wirst getragen von der außergewöhnlichen Kraft und dem Urvertrauen des Lebens. Tue alles dafür, mit dem Herzen zu denken und mit dem Verstand zu fühlen. Dies ist die Eintrittskarte in ein neues spirituelles Geldbewusstsein und macht dich zur Führungskraft für diese neue Zeit.

Ich stelle mir Wohlstand für mich und andere vor. – Lasse die ganze Erde im Wohlstand erstrahlen, und sieh, wie Milliarden von Menschen aus ihrem Herzen heraus entscheiden. Sieh die allerschönste Vision, die du jemals hattest, und spüre die allgegenwärtige Kraft, die diese unterstützt und weiter aufrechterhält.

Mein Leben ist voller Wunder. – Du und dein Leben sind das größte Wunder dieser Zeit. Nimm das Geschenk der kristallinen Energie an, und lasse alle deine Sinne in diesem neuen Bewusstsein erstrahlen. Konzentriere dich in diesem Moment auf die Mitte deines Kopfes, und lasse dort einen rot glitzernden Kristall aufleuchten. Dein Gehirn versteht dies als Signal, sich auch für die Veränderungen dieser Zeit zu öffnen, und gewährt der kristallinen Energiequelle in dir selbst, deine Sinne upzudaten. Sie wollen dies, um sich immer noch weiter dafür zu öffnen, die Wunder wahrzunehmen und anzuziehen, die bereits um dich herum sind. Lege das Buch zur Seite, schließe deine Augen, konzentriere dich für ein paar Minuten auf den rot glitzernden Kristall in der Mitte deines Kopfes, und lasse geschehen, was geschehen möchte. Dein Leben ist voller Wunder!

Ich erwarte ein Wunder. – Konntest du wahrnehmen, wie die Meisterenergie in dir vibrierte? Jetzt sei offen dafür, dass mehr Wunder in deinem Leben sichtbar werden. Erwarte mehr davon, als du jemals geglaubt hast, zu erleben, und sei dir ganz sicher, dass du noch heute ein Wunder erlebst. Morgen wirst du dann sagen können: Ja, ich habe gestern ein Wunder erlebt. Was ist mein Leben doch für ein Wunder!

Die Unterstützung des Universums ist unerschöpflich. – Dich umgibt eine Energie, die dich antreibt. Es ist die immerwährende Kraft, die in dir entsteht und sich dann im universellen Kraftfeld potenziert. Je mehr du also deine vollkommene Kraft in dir entdeckst und sie dir vom Universum spiegeln lässt, desto mehr Möglichkeiten bieten sich dir. Doch wisse: Nicht das Universum ist der Ursprung. Sondern du!

Ich verdiene ein wundervolles, freudvolles Leben voller Wohlstand, guten Freunden und bedeutsamen Ereignissen – und habe es auch. – Du hast das alles verdient. Ohne diesen unerschütterlichen Glauben in dir und die damit in Resonanz tretende Energie im Außen wird es immer anstrengend bleiben. Gib dir also bitte die Erlaubnis, zu glauben, dass du es verdient hast, dass du ein Recht darauf hast, dass du es darfst, dass du dafür erschaffen wurdest und dass es gut für dich ist, viele Wunder, ein Leben voller Freude und bedeutsame Erlebnisse mit vielen echten Freunden zu haben.

Die Dinge, die ich erschaffe, sind sogar noch besser, als ich erwartet habe. – Dies geschieht, wenn du deine Grundhaltung zum Überfluss völlig verändert hast. Deine neue Perspektive erlaubt dir, Wunder zu erleben, die weit über deine Vorstellungskraft hinausgehen. Diese entstammt deinem begrenzten Verstand, der von deinen Erfahrungen gespeist wurde und niemals den Überblick über die vielen Möglichkeiten des höheren Bewusstseins hat. Sobald du dich also dafür öffnest, dass das große Ganze dir die Ergebnisse bringen darf, werden sie immer besser sein, als das, was du erwartet hast. Öffne dich, und lasse dich überraschen!

Ich wirke magnetisch auf mein höchstes Gut, und mein höchstes Gut wirkt magnetisch auf mich. – Dein höchstes Gut ist das Wertvollste, was du jemals erfahren kannst. Richte dich immer wieder neu darauf aus, indem du den Mut hast, jeden Tag die Türen zu deiner Vergangenheit zu schließen. Nichts, was du gestern erschaffen hast, ist heute noch wichtig. Alles, was du gestern erschaffen hast, kannst du auch heute oder morgen wieder erschaffen, wenn es für dein höchstes Wohl notwendig ist. Vertraue darauf, dass du im Superflow bist und es dir niemals an etwas fehlen kann. Konzentriere dich also darauf, wie du die Meistermatrix in dir entstehen lassen kannst, und sei dann im immerwährenden Fluss des Wohlstandes. Du kannst niemals mehr Mangel erfahren, selbst dann nicht, wenn du am Abend alle Türen schließt, die im Laufe eines Tages für dich aufgegangen sind. Ich empfehle dir dafür eine ganz einfache Übung, die ich persönlich jeden Abend mache:

Wenn du zu Bett gehst, lasse noch einmal alle Ereignisse des Tages durch deine Gedanken ziehen. Stelle dir vor, du stehst in einem Raum und schaust durch die offenen Türen in verschiedene Zimmer. Du siehst darin die Ereignisse wie einen Film mit Gefühlen, Geräuschen und Gesprächen ablaufen. Sei dankbar für diese Erlebnisse, und erkenne die Wunder. Lasse noch einmal alle Menschen und Situationen auftauchen, und werde dir dann bewusst, dass du im Kraftfeld der kristallinen Matrix bist. Erschaffe dir eine erneute Verbindung dorthin, indem du die schnelle Kristallaktivierung durchführst (siehe Seite 154), und spüre, wie das reine Gefühl dich immer friedvoller macht und das Urvertrauen zurückbringt. In diesem Urvertrauen schließe dann in deiner Vorstellung alle Türen dieses Tages. Sieh, wie eine Tür nach der anderen zufällt. Du bist jetzt wieder in deinem eigenen Kraftfeld angekommen. Diese Übung führt dich vertrauensvoll in den jetzigen Moment des Seins zurück, in dem du voller Überfluss bist.

Geld fließt unaufhörlich in mein Leben. – Es kann nicht anders sein, denn du bist ein Magnet für Geld. Manchmal tue ich etwas, was ein wenig verrückt sein mag. Ich verbringe ein wenig Zeit in der Schalterhalle einer Bank und stelle mir dann vor, dass es dort einen großen Tresor gibt, in dem all die funkelnden Geldstücke und bunten Papierscheine liegen. Zuerst »säubere« ich mein »Spielzeug«, das Geld, indem ich einen großen roten Kristall in diesen Tresor hineinvisualisiere, sodass die Energie, die diesem Geld anhaftet, dem höchsten spirituellen Geldbewusstsein entspricht, und dann mache ich mich zum Magneten dafür. Ich lasse also das ganze Geldbewusstsein zu mir hinfließen und absorbiere es mit jeder Zelle meines Körpers. Dadurch bringe ich meinen Geldmagneten auf eine immer kraftvollere Weise zum Schwingen und sorge dafür, dass das Geld unaufhörlich in mein

Leben fließt. Wie gesagt: Es ist mein Spielzeug, und es haftet keinesfalls an mir. Ich lasse es mich frei umfließen.

Ich bin reich. – Reich an lieben Menschen, an Gesundheit, an viel Zeit für dich selbst und reich an kreativen Ideen zur Freisetzung deiner Wahrhaftigkeit, die ihren Ausdruck finden möchte. Reichtum erlangst du niemals nur durch Geld, Geld ist möglicherweise eine der Energien, die dazu beitragen. Sei jedoch auch offen dafür, dass nicht nur Geld der Weg sein kann. Das höchste Bewusstsein und die universelle Kreativität kennen viel mehr Wege als dein Verstand, der sich nur auf das Geld und einen direkt errechenbaren Ertrag fokussiert. Dein Herz und deine Liebe bringen dich heraus aus der begrenzenden Fokussierung auf das Geld und öffnen dir das Feld für weiteren und viel größeren Reichtum.

Ich erschaffe Geld und Wohlstand durch Freude, Lebendigkeit und Selbstliebe. – Eigentlich geht das wie von selbst. Wenn du Freude, Lebendigkeit und Liebe zur dir selbst und allem, was ist, in den Vordergrund stellst und sie zu deinem Lebenszweck machst, dann zieht das automatisch Geld und Wohlstand an. Auf dem Weg dorthin müssen nur noch deine dich begrenzenden Glaubensmuster und Konditionierungen verändert und dem spirituellen Geldbewusstsein angepasst werden. Doch daran arbeiten wir ja gerade. Erinnere dich immer wieder daran, dass das theoretische Wissen dir nicht so viel bringt wie, etwas selbst zu erleben. Dann integrierst du eine Erfahrung in dein Unterbewusstsein und erweiterst deinen Horizont. Während du die

Transfirmationen liest, geschieht schon etwas, weil sie Energie enthalten. Doch wenn du sie wirklich bewusst und tief integrierst, indem du die MDSI anwendest, dann potenzierst du ihre Wirkung.

Ich lebe in einem reichen Universum. – Vergleiche das Universum mit einem voll ausgestatteten Wagen mit allen erdenklichen Extras. Du kannst alles nutzen, was deine Reise durch das Leben angenehm macht, doch du musst es nicht. Das Auto fährt auch ohne Klimaanlage und automatische Einparkhilfe. Sobald du dich aber entscheidest, die Funktionen anzustellen, und dich für die Bedienelemente deines Gefährts interessierst, kann es dir ganz neue Möglichkeiten eröffnen. Du bist mit der Vollausstattung hier in das Leben auf der Erde gekommen. Alle Elemente sind in deiner kristallinen Struktur, die sich energetisch bereits in dir befindet, vorhanden und schlummern so lange vor sich hin, bis du sie aktivierst und nutzt. Dein Universum ist reich. Willst du das nun anerkennen und es auch endlich nutzen?

Lege das Buch zur Seite, und atme ein paar Mal tief ein. Schließe deine Augen, lege deine Hände auf dein Herz, und sage zu dir und deinem Herzen: »Ja, ich bin jetzt bereit. Ich bin bereit wie nie zuvor, zu entdecken, wer ich wirklich bin. Ich bin bereit, das Bewusstsein der neuen Zeit als Geschenk anzunehmen, und ich atme es jetzt tief ein.«
Atme dann weiter tief ein und aus, und stelle dir vor, dass die Luft, die du atmest, nicht nur Sauerstoff, sondern auch spirituelles Geld-

bewusstsein höchster Güte enthält. Atme es ein, und lasse es von deinen Lungen in dein Herz bringen, das es in jeden Winkel deines Körpers pumpt. Rot und kristallin glitzert es in Millionen von Zellen. Überall ist jetzt die Quelle von Reichtum in dir, und du sendest es in das Universum. Sorge du selbst dafür, dass dein Universum reich ist!

Ich habe immer alles, was ich brauche, und noch viel mehr. – Das ist das Prinzip des Superflows. Er ist die nächste Stufe des Schöpferseins. Viele Menschen, auch ich, haben gelernt, aus dem Mangel heraus zu kreieren. Wenn du dieses Buch liest, kennst du wahrscheinlich auch *The Secret* und andere Wunschbücher. Es wurde viel darüber gesagt, und all die Gesetze, die gelehrt werden, haben ihre Berechtigung auf dem Lernweg vom Unwissenden zum Schöpfer. Doch eines sollte dir klar sein: Immer, wenn du einen Wunsch hast, dir ein Ziel setzt, dann begibst du dich automatisch und unbewusst in die Position des Mangels. Wenn es etwas gibt, was du dir kreieren möchtest, bist du deswegen dazu motiviert, weil dir etwas fehlt. Sonst würdest du es ja nicht brauchen. Und aus dieser Mangelperspektive heraus beginnst du dann, all diese Methoden, Affirmationen und Werkzeuge anzuwenden. Diese sind perfekt dazu geeignet, dein konditioniertes, dem Gegenteil zuarbeitendes Unterbewusstsein umzuprogrammieren. Das ist in deinem Entwicklungsprozess ein ganz wesentlicher Schritt, und ich möchte ihn nicht kleinreden! Doch es kommt der Zeitpunkt, da erreichst du als Schöpfer die nächste Stufe. Momentan benötigst du diese Methoden wahrscheinlich noch, um in den Superflow hineinzugelangen. Aber du wirst sie umso weniger brauchen, je stärker du die Meistermatrix in deinem Leben manifestiert hast und darin oder, besser gesagt, da heraus lebst. Je vollständiger du wirst, desto weniger Mangel erlebst du.

Es wird irgendwann der Moment kommen, da lebst du nur noch aus deiner vollkommenen Ganzheit heraus. Dann musst du nichts mehr kreieren, es ist alles schon da, ohne dass du mit viel Aufmerksamkeit dafür sorgen müsstest. Dann bist du im Superflow. Um in diesen Zustand zu gelangen, liest du dieses Buch. Du kannst den Superflow nur aus deinem eigenen Inneren erschaffen, niemals aus dem Außen. Hast du deine Ganzheit erreicht, wird kein Verlangen mehr danach bestehen, noch etwas zu kreieren. Der Zustand von Superflow bedeutet, dass du heute Dinge hast, von denen du nicht weißt, warum sie jetzt da sind; dass du heute Menschen kennst, von denen du nicht weißt, warum sie in deinem Leben sind; dass du heute Dinge einfach nur deswegen tust, weil sie sich gut anfühlen und dir und deinem Herzen guttun – ohne ein besonderes Ziel, ohne einen besonderen Grund, einfach nur, weil du das Gefühl hast: Das möchte ich tun. Du bringst also nur noch deine eigene Wahrhaftigkeit zum Ausdruck und lebst dich aus. Das ist der Superflow, und diese Meisterqualität ist das grandioseste Geschenk unserer Zeit und das, was das spirituelle Geldbewusstsein für dich bereithält.

Während ich mich nur auf das konzentriere, was ich liebe, ziehe ich es magnetisch und ganz automatisch an.

Mache dir eine Liste all dessen, was du liebst. Schreibe alles auf deine Liebesliste, wovon du in deinem Herzen spürst, dass es dir Freude bereitet. Und dann beginne zu singen. Unter der Dusche, beim Gassigehen, in der leeren Sauna oder beim Training. Vielleicht nimmst du es auf und hörst dir die Aufnahme deiner eigenen Stimme an. Ich höre meine eigenen Meditationen am liebsten, weil ich dann das Gefühl habe, sie sprechen aus mir, durch mich, über mich, mit mir und in mir. Das ist echte, tief greifende Multidimensionalität. Wenn also auf deiner Liebesliste »schöne Orte«, »liebevolle Menschen«, »zellerleuchtende Nahrung« und »Geld« steht, könnte sich dein Lied wie folgt anhören:

»Ich liebe schöne Orte, und schöne Orte lieben mich. Ich liebe liebevolle Menschen, und liebevolle Menschen lieben mich. Ich liebe zellerleuchtende Nahrung, und zellerleuchtende Nahrung liebt mich. Ich liebe Geld, und Geld liebt mich. Yeah, yeah, yeah ...« Und dann wirst du diese Dinge ganz automatisch magnetisch anziehen.

Mein Universum ist sicher, reich und freundlich. – Das Universum ist, was du daraus machst. Du bist die Schöpferin, der Schöpfer. Du erschaffst dir dein Universum und wirst dann darin in der neuen Zeit den Superflow erleben. Es liegt also an dir. Entscheidest du dich bewusst dafür, in einem sicheren, reichen und freundlichen Universum zu leben, dann wird sich alles in deinem Außen verändern, bis es so ist. Und das ist keine Illusion. Ich kenne beides. Ich bin in einem anderen Universum aufgewachsen und habe eine andere Realität erlebt, als es heute der Fall ist. Doch als ich das Glück hatte, all diese Gesetzmäßigkeiten zu entdecken, hat sich alles genau so verändert, wie ich es in diesem Buch beschreibe. Wenn ich nicht genau wüsste, dass es nicht nur Spinnerei und Wunschdenken ist, würde ich mich nicht trauen, darüber zu schreiben. Und obwohl wir alle im gleichen Universum und auf derselben Erde leben, vielleicht sogar im selben Land, in derselben Stadt und in derselben Straße, erlebt jeder etwas anderes. Für welches Universum entscheidest du dich ab heute?

Ich bin voller neuer Ideen, und ich setze sie erfolgreich um. – Lasse die Kraft der Kreativität in dir frei werden, und erinnere dich an frühere Erfolge. Sie sind da, und sie waren da. Erhebe dich über die Begrenzungen dieses Lebens hinaus, und lasse sie aus den vielen Hunderten vorangegangener Inkarnationen hereinkommen. Öffne sinngemäß alle energetischen Prägungen, die dir gefallen und deren Energie du wieder haben möchtest, und lasse die Ideen aus dir heraussprudeln. Es ist genügend vorhanden für viele Leben, und du kannst dir genau das auswählen, wonach sich dein Herz sehnt. Stelle dein Herz an erste Stelle, und entscheide aus Freude und aus dem Bewusstsein der Liebe heraus. Frage dich immer: »Was würde die Liebe jetzt tun?« Das potenziert deine Kraft und lässt dich ungeahnte Möglichkeiten und Fertigkeiten entdecken. Die Ideen werden nicht mehr aufzuhalten sein, und du kannst aus diesem Magnetismus heraus alles erfolgreich umsetzen.

Ich gebe mir selbst alles, was ich brauche. – Entscheide bitte selbst, was du momentan brauchst. Klammere dich aber nicht daran, sondern sei ganz offen dafür, dass es immer weniger werden kann, was du brauchst. Wenn du in Glückseligkeit lebst, schwinden viele der Bedürfnisse, die zu einem früheren Zeitpunkt noch essenziell für dich waren. Denke auch in diesem Zusammenhang immer daran, die Türen zu schließen, und höre genau hin, was dein Inneres dir zuflüstert. Stelle sicher, dass diese Information aus einem höheren Bewusstsein herrührt und frei ist. Gehe keine Verbindungen mehr ein, die nicht deinem neuen spirituellen Geldbewusstsein entsprechen, und bleibe dir selbst stets treu. Unterschreibe keine Verträge, die altes Bewusstsein von Macht und Schuld enthalten. Gib dir stets das, was ganz und gar dir selbst und deiner neuen Wahrhaftigkeit entspricht. Das befreit dich aus dem Alten und gibt dir viel Kraft, Kreativität und Ausdrucksvermögen zurück. Gib dir selbst, was du brauchst, und lebe deine wahre Größe!

123

Jetzt kannst du wieder alle Transfirmationen mit der MDSI in dein körperliches, energetisches, mentales, emotionales und spirituelles System integrieren. Gehe nun zurück auf Seite 98, und beginne bei der ersten Transfirmation von Teil 4. Lies nur die fettgedruckte Transfirmation, und wiederhole sie ein paar Mal, während du die MDSI anwendest. Dann gehe zur nächsten, und mache die Übung weiter, bis du bei der letzten Transfirmation von Teil 4 angelangt bist. Danach lege das Buch am besten wieder für ein paar Stunden aus der Hand, und lies erst später oder morgen weiter.

Dein neues Geldbewusstsein Teil 5

Wenn ich mache, was ich liebe, fließen Geld und Überfluss in allen Bereichen meines Lebens ganz frei zu mir hin. – Viele Menschen, die von diesem Prinzip hören, haben Angst davor, denn sie glauben, dass sie, wenn sie nicht mehr tun würden, was sie momentan tun, ihre Rechnungen nicht mehr bezahlen können. Wenn du das neue Bewusstsein leben möchtest, bedarf es natürlich einer guten Vorbereitung. Denn es ist so, dass du in einer kurzen Phase der Umstellung und Veränderung möglicherweise weniger kurzfristiges Einkommen haben wirst. Die Frage ist nur, ob du dein ganzes Leben lang in einer endlosen Schleife aus Frustration und Verzweiflung bleiben möchtest, wo das Leben vielleicht gerade mal so erträglich ist, oder du dich jetzt dafür entscheidest, etwas zu verändern. Ich hatte das Glück, dass ich zu einem Zeitpunkt in meinem Leben nur noch mit einem Koffer dastand. Mein Leben hat mir diesen Schubs gegeben, für den ich heute sehr dankbar bin. Doch auf der Straße zu stehen und nichts mehr zu haben, das ist nicht der Weg, den ich mir für dich wünsche. Du kannst diesen Schritt in das Herzbewusstsein auch geplant gehen und Vorbereitungen treffen, die dir die Freiheit geben, das Leben danach zu gestalten. Wenn du nicht allein lebst, gehört zu dieser Vorbereitungsphase das Streben aller betroffenen Personen nach diesem neuen Lebensstil. Wenn dein Partner, deine Partnerin diesen nicht teilen will, musst du dich entscheiden, ob du weiter so leben möchtest wie er oder sie oder ob du dich entscheidest, dich zu befreien. In den Zeiten der Entwicklung in die neue Zeit gehen ganz viele Menschen neue und manchmal eben auch getrennte Wege. Das ist nicht schön, aber für die Befreiung der Seele manchmal der einzige Weg. Und dann musst du es ganz strategisch angehen und überlegen, wie das Worst-Case-Szenario aussieht. Berechne in deinem neuen Vertrauen, jedoch mit einem realistischen Blick auf deine momentanen Möglichkeiten, wie dein Leben verändert werden müsste. Rechne nicht damit, dass eine Fee vorbeikommen könnte und dir einen Sack voller Geld schenkt. Schaue, welche Abstriche du vom Status quo machen müsstest, um weiterhin ein friedvolles Leben haben zu können. Wenn die Mieten in deiner Stadt zu hoch sind und dein ganzes Gehalt auffressen, dann ist es vielleicht notwendig umzuziehen. Das könnte vielleicht dein größtes Glück sein, denn was bringt es, in einer Stadt zu leben um den Preis eines Jobs, den du hasst und der dich frustriert? Schaue also, wo du genau Kosten einsparen kannst, um deinem Herzen zu folgen. Dein Herz benötigt keinen neuen Wagen und keine teuren Luxusgegenstände. Wo kannst du also kurzzeitig etwas verändern, um deinen Weg zu ebnen? Denke das alles zuerst gründlich durch, und beginne dann dein neues Leben in Freiheit. Baue in der dann vor dir liegenden Zeit eine immer bessere Verbindung zu deinem Herz, zu deiner Liebe und zu dir selbst auf, und nimm dein Leben in die Hand. Du lebst für vielleicht 3, 6 oder 12 Monate auf einem anderen Niveau, entdeckst aber in dieser Zeit dein eigenes Leben wieder. Durch alles, was du in Verbindung mit deinem Herzen tust, steigert sich dein Wert, und du machst dich durch deinen Herzmagneten auch zum Geldmagneten. Dann beginnt irgendwann wieder die Zeit mit all dem Luxusspielzeug, doch dieses Mal in dem Universum, das du dir von Grund auf selbst erschaffen hast.

Ich bitte um das, was ich möchte. – Um etwas zu bitten oder dafür zu beten, enthält eine ganz besondere Kraft der Manifestation. Dir sollte jedoch klar sein, dass es keine Instanz, keinen Gott, keine Engels- oder Meisterschar da draußen gibt, die mehr Bedeutung hat als du selbst. Diese göttliche oder engelhafte Energie möchte aus dir heraus wirken. Ich wünsche mir, dass du in die Augen des Göttlichen blickst, wenn du in den Spiegel schaust. Dein Leben ist die Instanz, die du anbeten kannst. Doch letztlich ist auch dein Leben eine Spiegelung deines Selbst, und du kannst gleich damit beginnen, die Abkürzung zu nehmen. Bitte dich selbst um das, was du möchtest. Bitte den Gott in dir. Bitte die Millionen von Engels- und Meisterenergien, die in dir sind, weil du offen dafür warst, deine Perspektive zu verändern.

Ich bin offen, zu empfangen, in welcher Form auch immer es zu mir fließt. – Lasse dein Universum und das höhere Bewusstsein entscheiden, welchen Weg und welche Form sie wählen, zu dir zu schicken, was du möchtest. Löse dich von allen Möglichkeiten, die in deinem begrenzten Verstand sind, und sei offen für eine wundersame Weise des Empfangens.

Ich erlaube mir, mehr zu haben, als ich mir jemals erträumt habe. – Superflow ist das Geschenk der neuen Zeit. Das Bewusstsein darüber ist auf dem Planeten Erde, und du kannst es in der Tiefe deines eigenen Herzens und der Liebe zu Mutter Erde finden. Vielleicht macht es dir Freude, dich mit dem großen Erdenkristall im Mittelpunkt unseres Planeten zu verbinden und von dort das ganze energetische Bewusstsein zu absorbieren. Mache dies immer wieder, indem du dein Herz öffnest und deine Liebe in die Tiefen Gaias sendest. Dadurch stellst du die Verbindung her zur Quelle des Superflows, und es wird sich in deinem Leben auszahlen.

Ich kann genau die Realität erschaffen, die ich möchte, und ich bin jetzt bereit dazu. – Du musst die Realität wirklich aktiv erschaffen. Du musst handeln, es ist Aktion notwendig. Aber das tust du doch bereits, oder? Bewegst du deine Hand immer noch vor deinem Herzen und über deinem Kopf und erschaffst dir damit das multidimensionale Feld der Öffnung für das spirituelle Geldbewusstsein? Sei bereit, etwas Neues zu tun, sei bereit, die kristalline Matrix in dir zum Erwachen zu bringen. Sei bereit, viel Geld in dich zu investieren, und sei dir selbst mehr wert. Manche Menschen fragen mich, ob ich für mein Alter vorsorge. Ja, das tue ich. Aber nicht auf die Weise, die auf der Angst vor Mangel basiert, die in unserer Gesellschaft gepflegt wird und nur das System der Macht nährt. Ich sorge auf die Weise vor, dass ich in mich selbst investiere. Denn ich bin überzeugt davon, dass das beste Investment dasjenige ist, das du in dich selbst tätigst. Und ich investiere in den Planeten und unterstütze Projekte, die dem Menschen dienen, die uns kraftspendende Nahrung geben, und Projekte, die das Ziel haben, das Bewusstsein der Menschheit zu erhöhen. Wähle also auch du deine Realität, und sei bereit, diese jetzt zu erschaffen.

Ich lebe in einer Welt voller Überfluss. – Diese Welt ist bereits vorhanden. Was tust du also heute dafür, dich auf diese Welt auszurichten?

Alles in meinem Universum ist gut. – Es ist bereits alles erschaffen. Ich bin mir ziemlich sicher, dass du in den letzten Jahren genug Wünsche geäußert hast und dir unzählige Ziele gesetzt hast. Die Sehnsucht deines Herzens möchte sich jetzt in deinem Leben erfüllen, und es liegt an dir, ob du das Gute bereits wahrnehmen kannst. Denn es ist alles da!

Ich ehre und wertschätze meine Kreativität und alle meine Ideen. – Wie oft hast du dich dabei erwischt, dass du deine Ideen weggeschoben und gesagt hast: »Zu teuer, zu ineffizient, das braucht niemand«? Warum sind manche Menschen extrem erfolgreich und andere nicht? Jeder wirklich erfolgreiche Mensch hat einen Vision und lässt daraus seine Ideen entstehen. Es gibt nicht vieles auf dieser Welt, was ganz neu erfunden werden müsste. An sich ist bereits alles gesagt. Und doch wird dein ganz persönlicher Ausdruck von etwas,

was schon tausendmal gesagt worden ist, zu etwas Wahrhaftigem von dir. Und was geschieht? Die Menschen wollen es haben. Diejenigen, die ständig den Trends hinterherjagen und es nicht aus einer echten Herzensverbindung erwachen lassen, werden niemals gehaltvolle Produkte erschaffen. Doch wenn echte Kreativität hineinkommt, werden ein Produkt und eine Dienstleistung zu etwas besonders Wertvollem, das viele Menschen haben wollen, weil sie diesen Wert spüren. Ehre dich also mit deiner Kreativität, und präge deine Ideen mit deiner Wahrhaftigkeit zu etwas ganz Besonderem.

Ich empfange all die guten Dinge, die mein höheres Selbst mir zu geben hat. – Für das Empfangen offen zu sein, ist immens wichtig. Sei dir bewusst, dass dein höheres Selbst Wege wählt, die sehr subtil sein können. Bewusstsein zu entwickeln, heißt auch, die feinen Hinweise zu verstehen und alle Synchronizitäten zu erkennen. Sei also auch für sehr kreative Botschaften deines Lebens offen, und empfange sie offenherzig.

Ich weiß, dass mein höheres Selbst bereits im Überfluss lebt, und ich bin offen dafür, diesen in vollem Umfang zu empfangen und anzunehmen. – Das Einzige, was du noch tun musst, ist, dich für das Empfangen zu öffnen und alles zu dir hinfließen zu lassen. Stelle mit der kristallinen Zahlenmatrix (siehe Seite 160) die Verbindung mit deinem höheren Selbst her, und es wird dich über deine kristalline Struktur erreichen.

Geld fließt in mein Leben. – Öffne dich dafür, und werde dir immer wieder deines Magnetismus bewusst.

Ich bin wohlhabend. – Du bist es jetzt und wirst es immer sein.

Ich liebe und ehre alles, was ich erschaffe. – Gib dir selbst genug Wertschätzung, und übernimm auch die Verantwortung für die unbewusst erschaffenen Realitäten. Alles, was in deinem Leben ist, ist das Produkt deiner selbst. Entweder hast du es in dieser Inkarnation erschaffen oder in einer der vorangegangenen. Verantwortung für alles, was von dir stammt, zu übernehmen, bedeutet echte Kraft. Es geschieht nichts zufällig, und du bist keinem Schicksal ausgeliefert. Du bist das Licht, du bist die Managerin, der Manager. Ehre alles, was du bist, und dein Wohlstand wird dies spiegeln.

Ich gebe mir immer alles, was ich brauche. – Sei großzügig zu dir selbst, und stelle dich an die erste Position. Wenn du es dir gut gehen lässt, dann geht es deinem Umfeld automatisch auch gut, denn es erstrahlt im Licht deiner Freude. Sei nicht so »egoistisch«, dich erst um andere zu kümmern. Dadurch entstehen meist Frustration und Wut, und das ist dann die Energie, die du aussendest. Womit segnest du dein Umfeld mehr? Gib dir also immer zuerst.

Ich bin es mir selbst wert, mir das zu geben, was ich brauche. – Wenn es dir in deinem Herzen gut geht und ein liebevolles, echtes

Lächeln dein Gesicht erstrahlen lässt, ist dies ein sicheres Anzeichen dafür, dass alles in Ordnung ist. Sei dir also immer alles wert, was dazu führt.

Ich wertschätze alles, was ich bin und was ich habe. – Die Basis dafür ist gelegt. Du wertschätzt dich selbst, dein Sein. Danach kommen das Haben und das Tun. Aus einem gesegneten Sein entspringt immer ein gesegnetes Haben.

Ich gebe mir die Erlaubnis, das zu haben, was ich möchte. – Lasse dein Herz sprechen. Alles, wonach du dich aus tiefstem Herzen sehnst, wartet darauf, von dir erschaffen zu werden.

Ich öffne mich jetzt für immer mehr Liebe, Freude und Wohlstand. – Mache es in genau dieser Reihenfolge. Liebe erschafft Freude, und Freude erschafft Wohlstand. Das ist dann echter Wohlstand. Liebe ist also die Grundlage für echten Wohlstand, der das göttliche Licht in dir strahlen lässt.

Ich denke grenzenlos. – Denke ganz weit. Denke in den Möglichkeiten und den Chancen der neuen Zeit. Denke in spirituellem Geldbewusstsein. Wenn du ganz tief in dich hineinfühlst und das leise Klingen der höchsten göttlichen Weisheit in dir wahrnimmst, dann weißt du, was damit gemeint ist.

Ich sende anderen Menschen Gedanken von vermehrtem Wohlstand. – Beginne mit den Menschen in deinem nahen Umfeld. Visualisiere dazu deinen Wohlstandskristall in der Region um deinen Bauchnabel. Lasse diesen mit deiner Vorstellungskraft im kristallinen Licht des spirituellen Geldbewusstseins rotgolden leuchten, und sende dieses Licht aus. Segne damit deinen Partner, deine Partnerin, deine Eltern, deine Kinder, deine Familie, deine Nachbarinnen und Nachbarn, deine Arbeitskolleginnen und -kollegen, deine Chefin oder deinen Chef und, wenn du möchtest, alle Menschen der Stadt oder des ganzen Landes, in dem du wohnst. Segne mit dem Licht des spirituellen Geldbewusstseins die ganze Erde, und wünsche aus der Tiefe deines Herzens allen Menschen vermehrten Wohlstand und Glück.

Ich spreche von Erfolg und Wohlstand, und meine Worte erheben und inspirieren andere. – Je mehr Worte du aus einem hohen Bewusstsein sprichst, desto mehr will Wohlstand bei dir sein, denn natürlich inspirierst du dadurch nicht nur andere, sondern du prägst auch dein energetisches Feld damit.

Ich gebe mir selbst ganz freigiebig. – Das hast du wahrlich verdient!

Ich umgebe mich mit Dingen, die meine Lebendigkeit und meine Energie widerspiegeln. – Immer wieder wirst du mit dem Prinzip der Resonanz spielen und dabei lernen, dass du als menschliches Energiewesen in ständiger Interaktion mit allem um dich herum stehst.

Das, was du in deiner unmittelbaren Umgebung sein lässt, wird dich beeinflussen. Lebendige Dinge geben dir Kraft. Denke dabei auch an deine Nahrung. Je lebendiger, frischer und natürlicher du dich nährst, desto lebendiger, frischer und natürlicher ist auch deine Energie.

Ich vergebe mir selbst in der Sicherheit, dass ich immer alles nach bestem Wissen und Gewissen tue. – Du handelst immer richtig. Denn du handelst immer nach deinen Konditionierungen, und die sind das Ergebnis deiner früheren Erfahrungen. Dein Unterbewusstsein ist ein Teil von dir, und es will dir Schutz geben. Akzeptiere diesen Teil von dir selbst. Würdest du ihn verurteilen, verurteiltest du dich selbst, und das führte zu Abspaltung und Trennung. Vergib dir für alles, und werde dadurch wieder ganz. Im Getrenntsein wirst du dich immer weiter von dir selbst entfernen und das Wohlstandsbewusstsein von dir fernhalten. Im Einheitsbewusstsein und der vollkommenen Akzeptanz deiner selbst liegt der Schlüssel für Reichtum und Überfluss.

Ich akzeptiere jetzt großen Wohlstand, und er fließt zu mir hin. – Öffne dich dafür, und mache dir dies immer wieder bewusst. Lasse das Fließen und das Akzeptieren zu einem täglichen Ritual werden. Vielleicht möchtest du einen Zettel mit dieser Transfirmation an deinen Badezimmerspiegel kleben. Dann beginnst du den Tag in diesem Bewusstsein und gehst damit wieder zu Bett.

Ich habe unendliches Potenzial, und ich bringe dieses jetzt zum Ausdruck. – Kreativität, Entfaltung und Inspiration ebnen dir den Weg zum Wohlstand. In deinem Herzen ist alles, was du dazu brauchst, verfügbar. Verbinde dich mit ihm und auch mit der kreativen Kraft deines Bewusstseins. Diese wiederzufinden, ist ein wesentlicher Prozess im neuen, spirituellen Geldbewusstsein.

Ich wähle Überzeugungen, die mir Lebendigkeit und Wachstum bringen. – Das tust du mit dem Sprechen der vielen Transfirmationen und ihrer Integration in dein multidimensionales Sein über die MDSI. Wachse immer weiter über dich hinaus!

Ich wähle jetzt die Realität, die ich erleben möchte. – Welche ist das? Welche Erfahrungen wählst du zu machen? Welche Menschen möchtest du treffen? Was willst du fühlen? Wie wünschst du, deinen Tag zu erleben? In welchem Haus möchtest du aufwachen? Mit welcher Nahrung willst du deinem Körper Kraft geben? Welchen Lebensstil wählst du? Welche Orte besuchst du, und in welche Regionen reist du? Wähle aus der Sehnsucht in deinem Herzen die Realität aus, die dir etwas gibt: Kraft, Liebe, Enthusiasmus, Lebensfreude, Lebendigkeit, Wachstum und Frieden. Du hast die Wahl. Wie fällt sie aus?

Ich kenne die Essenz dessen, was ich will, und ich bekomme dies jetzt. – Deine tiefste Essenz zu entdecken, ist das größte Geschenk, das du dir durch die Erinnerung mithilfe deiner kristallinen Struktur selbst machen kannst. Die Wahrhaftigkeit, die in dir darauf wartet, entdeckt zu werden, ist vielleicht eine ganz andere, als du bis jetzt von dir geglaubt hast. Es gab in deinem Leben immer wieder Momente, in denen du nicht nach deiner tiefsten inneren Sehnsucht entschieden hast, sondern dich von vielen äußeren Faktoren hast leiten lassen: deiner finanziellen Situation, deinen Eltern, deinem Partner, deiner Partnerin, der Weltsituation und vielen anderen Einflüssen. Dies führte dazu, dass du dich von dir selbst entfernt hast. Der Mensch, als den du dich kennst, ist vielleicht ein anderer als deine Seelenessenz. Mache dich also auf, deine Wahrhaftigkeit wiederzuentdecken. Denn darin liegt der Schatz deines Wohlstandes!

Ich lade jetzt alles Gute ein und erlaube, dass es in mein Leben kommt. – Lade es ein wie einen guten Freund. Vielleicht möchtest du dir den Spaß erlauben, eine Einladung zu schreiben. Schreibe in diesen Brief alles hinein, was du als »das Gute« bezeichnest, und sende ihn dann wirklich ab. Mache dies zu einer reellen Erfahrung, und wirf die Einladung auch wirklich in den Briefkasten. Schicke ihn versehen mit deiner Anschrift an dich selbst, und freue dich, wenn dieser Brief wieder zu dir zurückkommt. Sei es dir Wert, die paar Cent für diese Übung zu investieren, denn sie ist kraftvoll. Lade alles Gute in dein Leben ein. So wie einen guten Freund zu deiner Geburtstagsfeier.

Ich habe es verdient. – Alles, wirklich alles!

Ich bin es wert. – Habe den Mut, deinen Wert immer weiter nach oben zu korrigieren. Je bewusster du dies tust, desto mehr werden Menschen deinen Wert erkennen und auch mehr für etwas übrig haben, was sie von dir bekommen – deine Zeit, deine Dienstleistung, dein Produkt, deine Arbeitskraft. Dieses Prinzip gilt für alle. Egal, ob du selbstständig bist oder angestellt.

Ich bin so weit, die Kontrolle über mein Leben zu übernehmen. – Es ist jetzt wirklich an der Zeit. Befreie dich aus dem Gefängnis der Abhängigkeit, und verwirkliche dich wieder selbst. Entfessle deine ganze kristalline Kraft, und erinnere dich daran, dass du großartig und vollkommen bist.

Ich bin so weit, mich dafür zu öffnen, dass das Göttliche durch mich wirkt. – Gehe sogar noch einen Schritt weiter: Sei das Göttliche! Habe den Mut, dies von dir zu sagen. Eine gute Übung ist: Schaue mehrere Male am Tag in den Spiegel, und betrachte die Augen, die dich da ansehen. Erkenne in ihnen das göttliche Licht, und lasse dieses Bewusstsein zu dir hinfließen. Schaue in den Spiegel, und du blickst in die Augen Gottes.

Mein Körper ist das perfekte Instrument, das das Göttliche mir gegeben hat. – Durch das Anerkennen dieses göttlichen Prinzips werden alles Streben nach Äußerem und jegliche Form der Abhängigkeit von etwas im Außen aufhören. Du bist das perfekte Instrument. Lasse deinen Körper und dein Bewusstsein sich wieder daran erinnern. Denn tief in deiner DNS ist die allererste Urinformation, die in der ersten Millisekunde der Empfängnis die erste Zelle deines Seins auf der Erde gebildet hat, enthalten. Diese Zelle ist vollkommen, sie ist rein, sie hat alle Informationen der Ganzheit in sich gespeichert. Diese großartige Information steht für dich zu jeder Zeit zum Abruf bereit. Du bist das perfekte Instrument dafür, deine Lebensmeisterschaft aus dir heraus abzurufen. Erinnere dich!

Ich bin ein Teil des Göttlichen. – Schaue in den Spiegel, und du schaust in die Augen Gottes!

Mein Ziel ist Wohlstand. – Du hast ihn bereits.

Mein Leben ist Wohlstand. – Öffne alle deine Sinne dafür, den Wohlstand zu erkennen, ihn zu sehen, ihn zu schmecken und ihn zu hören. Öffne dich dafür, dass die Energien der neuen Zeit dir alles geben, was du dazu benötigst.

Ich bin Wohlstand. – Genau so ist es.

Ich bin reine Liebe. – Du bist die Essenz des höchsten Bewusstseins.

Ich bin das Licht. – Du bist die Essenz des höchsten Bewusstseins.

Ich fühle mich frei, mein Leben zum Leuchten zu bringen. – Dein leuchtendes, lichtvolles und liebendes Herz wird dir den Weg zeigen.

Ich fühle mich frei, meinem Herzen zu vertrauen und mich zu zeigen. – Habe den Mut, jetzt nach vorn zu treten, und besteige deinen Thron.

Ich bin frei. – Erinnere dich daran, dass die Matrix für deine Befreiung bereits in deiner Urzelle schwingt.

Ich bin frei, Wohlstand und Reichtum zum Ausdruck zu bringen. – Dein spirituelles Geldbewusstsein wartet schon lange darauf, entdeckt zu werden.

Jetzt kannst du wieder alle Transfirmationen mit der MDSI in dein körperliches, energetisches, mentales, emotionales und spirituelles System integrieren. Gehe nun zurück auf Seite 124, und beginne bei der ersten Transfirmation von Teil 5. Lies nur die fettgedruckte Transfirmation, und wiederhole sie ein paar Mal, während du die MDSI anwendest. Dann gehe zur nächsten, und mache die Übung weiter, bis du bei der letzten Transfirmation von Teil 5 angelangt bist. Danach lege das Buch am besten wieder für ein paar Stunden aus der Hand, und lies erst später oder morgen weiter.

Dein Neues Geldbewusstsein Teil 6

Diese Transfirmationen sollen dich erheben und einen tief-ergehenden Prozess auslösen. Sie sind alle selbsterklärend, und ich wünsche dir für diesen Teil ganz viel Verspieltheit und Lebensfreude.

Ich erwarte, der König meines Lebens zu sein.

Ich erwarte, die Königin meines Lebens zu sein.

Ich erwarte, das Glückskind des Universums zu sein.

Ich fordere, das Glückskind des Universums zu sein.

Ja, ich bin bereit.

Ja, ich kann es.

Es ist ganz normal für mich, einen übermäßig großen Wohlstand zu erlangen für alles, was ich tue, was ich bin, was ich denke und was ich sage.

Ich bin frei, zu heilen.

Ich fühle mich frei, vollkommen meinem Herzen zu folgen.

Ich bin vollkommen frei.

Ich bin alles, was ich sein möchte.

Ich bin Teil meines Schöpfers.

Ich übernehme die Verantwortung für mein Leben.

Ich führe mein Leben so, dass ich Anlass habe, stolz auf mich zu sein.

So will ich leben.

Das ist mein Leben.

Das ist mein Weg.

Das ist meine Entscheidung.

Ich lade alle Hilfe ein, die ich bekommen kann.

Ich bin jetzt so weit.

Jetzt kannst du wieder alle Transfirmationen mit der MDSI in dein körperliches, energetisches, mentales, emotionales und spirituelles System integrieren. Gehe nun zurück auf Seite 139, und beginne bei der ersten Transfirmation von Teil 6. Lies die fettgedruckte Transfirmation, und wiederhole sie ein paar Mal, während du die MDSI anwendest. Dann gehe zur nächsten, und mache die Übung weiter, bis du bei der letzten Transfirmation von Teil 6 angelangt bist. Danach lege das Buch am besten wieder für ein paar Stunden aus der Hand, und lies erst später oder morgen weiter.

Von nun an kannst du alle Transfirmationen am Stück bearbeiten. Hierzu ist auch die CD »Spirituelles Geldbewusstsein« sehr hilfreich.

Magnetisierung für Wunder

Bitte nimm dir nun einmal Zeit, um zu reflektieren, was dir die Arbeit mit den Transfirmationen schon an messbaren Ergebnissen gebracht hat. Diese Reflektion ist wichtig, denn sie wird dir zeigen, dass das, was du hier tust, wirklich funktioniert. Es sind all die kleinen täglichen Wunder, die dir zeigen, dass du sie alle selbst erschaffen hast. Unendlicher Reichtum stellt sich dann ein, wenn du bereit bist, alle Gaben zu empfangen, die das Universum zu vergeben hat. Wenn du erkennst, dass es deinem natürlichen Wesen entspricht, all die Gaben zu genießen, die das göttliche Universum, die dein Leben zu bieten hat. Das ist dein Geburtsrecht.

Deswegen schlage ich dir vor, ein Tagebuch der Wunder zu führen. Am besten kaufst du dir ein Notizbuch, in das du dann alles hineinschreibst, was du im Zusammenhang mit dem spirituellen Geldbewusstsein erlebst. Wenn du noch kein Notizbuch zur Hand hast, kannst du dafür jetzt auch erst einmal die folgenden Seiten nutzen. Doch ich würde dir empfehlen, dir ein solches Buch anzuschaffen, denn dies entwickelt noch einmal eine ganz andere Kraft. Übertrage später deine Wunder in dein neues Buch.

Setze dich einige Minuten lang still hin. Und tue dies bitte in den nächsten Wochen immer wieder, am besten gleich morgens nach dem Aufstehen und abends vor dem Zubettgehen.
Lege die Hände auf dein Herz, verbinde dich mit der kristallinen Dimension von Wohlstand und Überfluss, und lasse dich mit dem spirituellen Geldbewusstsein in Verbindung bringen. Sei dabei offen für Wunder! Öffne dich dafür, dass immer mehr Wunder in deinem Leben geschehen, und schreibe jedes kleine oder große Wunder in dein Wundertagebuch.
Teile diese Wunder täglich Menschen in deiner Umgebung mit. Sei aber auch geduldig und wachsam. Es ist nur allzu leicht, wieder in alte Muster und gewohnte Glaubenssätze zu verfallen, denn schließlich hast du ja lange Zeit mit diesen gelebt. Die Verwandlung vollzieht sich am effektivsten, wenn sie sanft und langsam geschieht.
Während du in den kommenden Wochen mit diesem Buch arbeitest, kann es auch vorkommen, dass du Widerstände in dir spürst. Natürlich wird der Verstand sich widersetzen und versuchen, dir zu erzählen, dass müheloser, unendlicher Reichtum einfach zu schön sei, um wahr zu sein. Dass du nichts ohne Anstrengung bekommst,

dass sich finanzieller Wohlstand, perfekte Beziehungen und vollkommene Gesundheit nur durch harte Arbeit und nach endlos scheinenden Monaten und Jahren einstellen und schon gar nicht alles auf einmal möglich ist – ja, dein Verstand kann und wird sich widersetzen. Bitte akzeptiere das! Das ist seine Aufgabe. Bitte gib deinem Verstand das Recht, das zu tun, solange er es tut. Doch sei auch offen dafür, dass sich selbst dein Verstand verändern kann. Das stetige Arbeiten an deinen unterbewussten Mustern und deinen Konditionierungen in Bezug auf Geld wird dafür sorgen, dass sich auch dein Verstand mit verändert.

Früher oder später wird dein Verstand einmal Ja dazu sagen, dass die Wunder, die du erlebst, eben nicht einfach Zufälle sind, sondern deine Kreation. Dein Verstand wird dem höheren Selbst den Raum geben, präsent zu sein. Er wird dich dabei unterstützen wollen, dich vollkommen auf deine Lichtkraft (und damit deine Geldkraft) auszurichten. Und dann, irgendwann, wird der Punkt erreicht sein, an dem dein Verstand merkt, dass er zunehmend die Kontrolle verliert und sich arrangieren muss. Er wird dann aber anders reagieren als früher und nicht in Panik geraten. Er wird dir nicht mehr beweisen wollen, dass du mühelosen, unendlichen Reichtum nicht verdient habest. Er wird dir nicht einreden, dass du Schuldgefühle wegen deiner Vergangenheit haben und dich deshalb von allem Schönen und dem Glück des Lebens fernhalten musst. Er wird dir keine Angst machen vor der Zukunft, davor, deine Rechnungen nicht bezahlen zu können. Doch erst müssen wir deinem Verstand einige Beweise dafür liefern, dass er nicht nur bis zum nächsten Monatsersten denken muss, sondern dass Vertrauen und spielerischer Umgang mit Finanzen dazu führen, dass immer alle Rechnungen bezahlt werden können. Wenn du mit allen deinen Seinsanteilen stets im Flow bist, wird es nie mehr zu Zahlungsengpässen kommen, sondern es werden immer neue Lösungen auftauchen. Du wirst dann derjenige sein, der dein Leben bestimmt, und nicht mehr deine Angst.

Rufe dir immer wieder ins Gedächtnis, dass die Angst nichts anderes ist als der Versuch deines Unterbewusstseins, dich zu beschützen. Dein Verstand versucht momentan, dich von den schönsten Dingen abzulenken, die dir widerfahren. Er wird dir Hindernisse in den Weg stellen, solange du dich ihm widersetzt. Doch die Widerstände lassen sich alle ganz leicht überwinden, indem du lächelst und zu deinem Verstand sagst: »Danke für diese Information!«

Erinnere dich immer wieder daran, dass es einen Teil in dir gibt, der bereits glücklich, reich und völlig offen für alle Gaben des Universums ist. Du verdienst das alles, und wenn du standhaft bei dieser Wahrheit bleibst, vollkommene Wahrhaftigkeit entwickelst und beginnst, dir und deinem Leben zu vertrauen, wirst du erstaunliche Veränderungen in deinem Geldbewusstsein erleben.

Wie nimmst du Wunder wahr? Wie teilst du Wunder mit? Die Wunder, die du erlebst, sind das Resultat deiner neuen, veränderten Wahrnehmung. Sie treten ein, wenn du dein höheres Bewusstsein bittest, die Dinge durch einen anderen Filter zu sehen als durch den Filter des Verstandes. Wunder sind ein ganz natürliches Phänomen: Sie sind Ausdruck von Liebe und Dankbarkeit. Wenn dein Liebesfluss blockiert ist, erlebst du keine Wunder, sondern innere Zerrissenheit und Isolation. Ein Bewusstsein für Wunder heilt Gefühle von Angst, Trennung, Schuld und Wut. Dir Wunder zuzugestehen, erfüllt dich mit Frieden. Wenn du die kleinen und großen Wunder, die du im Alltag erlebt hast, mit anderen teilst, sprichst du in der Sprache der Liebe und Dankbarkeit. Indem du deine kleinen und großen Wunder täglich mit anderen teilst, ermutigst du andere, selbst nach Wundern Ausschau zu halten und sie auch zu erkennen. Je mehr du Wunder suchst, desto mehr Wunder wirst du finden. Deswegen empfehle ich dir, wirklich alle Wunder, die du erfährst, die kleinen und die großen, so schnell wie möglich in dein Wundertagebuch einzutragen, bevor du sie wieder vergisst. Lässt du dem Verstand nämlich genügend Zeit, wird er die Wunder wegrationalisieren und es dir schwer machen, dich an sie zu erinnern. Schreibe sie also immer gleich auf.

Beginne gleich jetzt. Schreibe die kleinen und großen Wunder auf, die du in den letzten beiden Wochen bereits erlebt hast. Egal, ob sie im Zusammenhang mit diesem Buch stehen – schreibe sie alle in dein Wundertagebuch oder auf die folgenden Seiten.

Mein Wundertagebuch

_____

_____

_____

_____

_____

_____

_____

_____

_____

_____

_____

_____

_____

Die kristalline Wohlstandsmatrix

In den letzten Jahren brachten mir mein Leben, die spirituelle Arbeit, die Weiterentwicklung verschiedener bewusstseinserweiternder Methoden und die vielen verschiedenen Projekte meiner Lichtarbeit vielerlei spirituelle Erkenntnisse. Ich sammelte sie und lehrte sie, und daraus entstand im Laufe der Zeit die Arbeit mit der kristallinen Matrix. Ich nenne sie in diesem Buch die kristalline Wohlstandsmatrix, weil sie dem höchsten Bewusstsein von Wohlstand und Überfluss entspricht. Die Verbindung zu einer Dimension der geistigen Welt bekam ich 2008, und es entstand in den letzten Jahren ein intensiver Austausch mit dieser 12. Dimension. Die Meisterinnen und Meister, die zu mir sprachen – es sind 6 Meisterinnen und 6 Meister –, haben mir im Laufe dieses Kontakts immer mehr Wissen zugeflüstert. Viele der Channelings habe ich bereits veröffentlicht, und auch im letzten Teil dieses Buches wirst du mit den Meistern der 12. Dimension in Kontakt kommen. Natürlich ist ihre Energie die ganze Zeit über anwesend, denn auch hier existiert keine Trennung mehr. Es ist also manchmal schwierig zu sagen, ob die Zeilen, die du hier liest, tatsächlich meinem Geist entspringen oder sie mehr oder weniger vom großen Geist eingegeben wurden. Aber das ist auch nicht so wichtig, denn die Antwort darauf möchte eigentlich nur dein analytischer Verstand wissen.

Ich empfange unzählige E-Mails, in denen Menschen, die mit der kristallinen Matrix arbeiten, mir ihre Geschichten und wie Wunder klingende Erlebnisse berichten. Sehr oft schreiben sie, dass es sich wie zu Hause anfühlt. Das ist wunderbar, und ich habe auch eine Erklärung dafür: Die kristalline Matrix bringt jeden Menschen, der sich dafür öffnet, wieder in Verbindung mit sich selbst. Dieses Gefühl ist also das Gefühl der ständigen Anwesenheit des höheren Bewusstseins, das dich bereits über Äonen deines Daseins begleitet. Das ist es, was die Menschen spüren, und das wirst auch du wahrnehmen. Am Anfang ganz subtil, aber im Laufe der Zeit immer intensiver.

Im Laufe des Zusammenseins mit diesen Meistern der 12. Dimension kristallisierte sich schnell ein Gerüst von Meisterqualitäten heraus. Dieses ist der begreifbare Ausdruck deines höchsten Bewusstseins. Auch dein Verstand kann dazu Ja sagen. Hast du alle diese Qualitäten entwickelt, bist du selbst ein Ebenbild deines höchsten Bewusstseins geworden, eins mit deinem Zuhause. Du lebst dann alle göttlichen Attribute, die ein Mensch im Alltag entwickeln kann. Wie stellst du nun fest, ob du bereits 100 % aller Meisterqualitäten entwickelt hast? Es gibt kein absolutes Maß. Nur dein eigenes Empfinden von Glückseligkeit kann dir zeigen, woran du noch arbeiten musst. Das kann wirklich niemand anderes als du selbst beurteilen. Ich werde dich also in diesem Buch dazu inspirieren und dir Möglichkeiten aufzeigen, diese Meistermatrix zu vollenden. Du wirst lernen, worauf du deinen Fokus richten musst, um wieder in dieses Ganzsein hineinzuwachsen.

Wenn du als Person und wir als gesamte Menschheit das Bewusstsein dieser Meistermatrix wieder vollkommen in unser Leben integriert haben, dann werden wir genau da angekommen sein, wohin wir uns sehnen. Ich nenne es den Superflow.

Bevor du erfährst, was das genau bedeutet, sehen wir uns einmal die 12 Meisterqualitäten an, die gleichbedeutend sind mit dem vollkommenen Ausdruck deines höchsten Bewusstseins und all deiner Potenziale. Es sind die Potenziale eines auf Erden inkarnierten Engels.

Du kannst dir alle diese Meisterqualitäten voll und ganz zu eigen machen, indem du eine Rückverbindung in diese Dimension herstellst. Dadurch kann sich deine kristalline Struktur, die seit deiner Geburt in dir angelegt ist, wieder an die Meistermatrix erinnern, und du kannst sie in deinem Alltag entfalten. Du bekommst sie also nicht aus dem Außen, sondern sie ist bereits in dir vorhanden. Im Laufe deiner

Superflow
Klarheit
Heilung
Akasha-Potenzial
Ausbalanciertheit
Wahrhaftigkeit
Segnungen
Eins-Sein
Höhere Weisheit
Frieden
Wohlstand & Überfluss
Liebe

© Thorsten Weiss – www.behealed.de

spirituellen Evolution hast du bestimmt bereits viele dieser Qualitäten in verschiedenem Maße entwickelt. Mit der folgenden Übung kannst du dich immer wieder in das Bewusstsein dieser 12. Dimension bringen und diese als Ausdruck deines Selbst aus deinem Inneren entstehen lassen. Mache diese Übung immer, wenn du dich auf irgendeine Weise getrennt fühlst und dich wieder ganz mit deinem »Zuhause« verbinden möchtest.

Sei dir aber darüber im Klaren, dass du die Erde selbst als dein Zuhause gewählt hast. Die jetzige Zeit gibt uns wie keine zuvor die Chance, dies zu erkennen und die Lebensmeisterschaft auf der Erde zu erlangen. Deswegen ist es jetzt an der Zeit, das ganze spirituelle Wissen der Menschheit zu nehmen und es auf der Erde, im Alltag, in Bezug auf nicht für spirituell gehaltene Themen wie z. B. Geld anzuwenden. Höre also auf, in den violetten Sphären des Kosmos herumzualbern, und entschließe dich, im Sturzflug auf die Erde zu kommen. Tauche ein in die neue, rote Energie, und entdecke hier den ganzen Wohlstand und den Überfluss des Lebens!

Die schnelle Kristallaktivierung

Lasse die Rückverbindung aus deiner eigenen Vollkommenheit heraus entstehen. Als Managerin, Manager, als Meisterin, Meister, als Erdengottheit geht es immer nur um dich. Du bereicherst das Leben, du bereicherst durch dein Sein die Welt, du trägst die Meisterschaft bereits in dir. Das Einzige, was dich momentan vielleicht noch davon abhält, ist deine Konditionierung. Möglicherweise wurde dir dein ganzes Leben lang gesagt, du seist nichts wert oder nicht gut genug, und dann hast du genau das als Selbstbild entwickelt, das dich seither begleitet. Doch das ist jetzt vorbei, aus und vorbei! Mit den vorangegangenen Übungen und den Hunderten von Transfirmationen bist du in diesen Prozess eingetreten. Bringe also deine kristalline Struktur dazu, sich jetzt auch zu erinnern, und tauche in die kristalline Energie ein. Dies wird deinen Prozess krönen.

Werde dir bitte zuerst bewusst, dass die kristalline Struktur sich in deinem Körper in Form von 11 roten Kristallen manifestiert. Auf der Abbildung neben der Kapitelüberschrift siehst du solch einen Kristall. Dein körperlich-energetisches System weiß ganz genau, wo sich diese Kristalle befinden, den genauen Sitz zu kennen, ist momentan für dich nicht notwendig.

1. Werde dir der 11 roten Kristalle in deinem Körper bewusst. Ein weiterer, 12. Kristall befindet sich im Mittelpunkt der Erde. Spüre in deinen Körper hinein, und sieh oder empfinde die Kristalle oder wisse einfach, dass sie da sind. Genau so gehst du mit dem Mittelpunkt der Erde vor. Verweile 1 oder 2 Minuten mit geschlossenen Augen in dieser Vorstellung, bevor du weiterliest.

2. Lasse nun ein Abbild der Kristalle aus deinem Körper und aus dem Mittelpunkt der Erde aufsteigen. Beobachte dann, wie sie ca. 50 cm über deinem Kopf schweben und sich dort zu einem Kreis aus 12 Kristallen formieren. Sieh, spüre oder wisse einfach, dass sich der Kristallkreis langsam zu drehen beginnt. Nimm wahr, wie die Kristalle immer schneller werden. Schließe deine Augen, und lies erst weiter, wenn du diese Vorstellung erlebt hast.

3. Lasse nun einen Energiewirbel aus roten Lichtpartikeln aus

den sich drehenden 12 Kristallen in deinen Kopf hineinfließen, und spüre, wie dein ganzer Körper von der kristallinen und deiner eigenen Kraft durchflutet wird. Schließe deine Augen, und lies erst weiter, wenn du diese Empfindung erlebt hast.

4. Stelle dir vor, wie rotes, kristallines Licht durch deinen Kopf und deine Gedanken fließt und sich in deinen Zellen verankert. Verweile für ein paar Minuten, während du dich auf deinen ganzen Körper konzentrierst. Vielleicht beginnt er, leicht zu pulsieren und zu kribbeln. Du erlebst nun eine Art Update, dein Energiesystem wird in Kontakt mit der Meistermatrix gebracht. Schließe deine Augen, und lies erst weiter, wenn du diese Empfindung erlebt hast.

5. Bringe die Kristalle im Geiste wieder in deinen Körper und zum Mittelpunkt der Erde zurück. Verbleibe noch für einige Sekunden oder Minuten in diesem Zustand, und komme dann, wenn es sich für dich richtig anfühlt, wieder in das Hier und Jetzt zurück.

Manifestation und Transformation durch die kristalline Zahlenmatrix

Die kristalline Struktur, die du gerade in dir wiederentdeckt hast, ermöglicht dir im Laufe der Zeit die vollkommene Entwicklung der Meistermatrix. Die Zahlenmatrix, die du gleich anwenden wirst, erinnert dein Gehirn daran, sich und deine Zellen für diese intelligente Matrix zu öffnen.

Die Meisterinnen und Meister der 12. Dimension haben mich im Mai 2011 mit dieser kristallinen Zahlenmatrix vertraut gemacht. Sie ist eine Ziffernfolge, mit der du eine ganz neue Quantenmethode aktivierst. Damit kannst du innerhalb von Sekunden durch eine 12er-Kombination von Zahlen das entsprechende quantenenergetische Informationsfeld abrufen. Diese Zahlenmatrix öffnet das Körper-Seele-Geist-System und bringt die Bewusstseinsschwingung direkt und unvermittelt in dein Energiefeld. Um das spirituelle Geldbewusstsein zu erhöhen, werden wir mit der Zahlenmatrix für Wohlstand und Überfluss arbeiten.

Dein Verstand wird dir dieses Mal nicht im Wege stehen, denn er versteht diese Zahlen. Er will nichts wissen von Engeln, Meistern und kristallinen Dimensionen, weil diese für ihn nicht existieren. Eine Zahl versteht er, da will er sich öffnen, dazu will er Ja sagen.

Die Verschmelzung des menschlichen Erdenbewusstseins und der höheren Dimensionen der Erde, die du in den letzten Monaten, Jahren, Jahrzehnten erschaffen hast, vollendet sich. Die Ganzheit, die du als Folge der Erinnerung an die Meistermatrix erleben wirst, wird dir endlich das Gefühl von Mangel nehmen. Wenn du ganz bist, wirst du das Leben aus der Perspektive von Überfluss und »Es ist alles vorhanden« erleben und nicht aus der Perspektive des Zu-kurz-Kommens. Dann wirst du den Magneten in dir aktiviert haben, dem alles folgt.

Du wirst alle deine materiellen, finanziellen, körperlichen, geistigen und vor allem deine Herzensziele im Superflow erleben. Denn du bist ganz, und Vollkommenheit zieht Vollkommenheit an. Ob du dann noch Ziele brauchst oder nicht, das ist nicht mehr wichtig. Wahrscheinlich hast du im Bewusstsein der Ganzheit auch nicht mehr nach vielem ein Bedürfnis. Nichts im Außen kann dich glücklicher machen, als du sowieso schon durch dein Ganzsein bist. Die neuen Klamotten, das Auto, das Haus, all die Dinge, denen du bislang hinterhergelaufen bist, sind plötzlich nicht mehr nötig. Du wirst all diese Dinge immer noch haben, das wohl. Du wirst dir alles, was du brauchst und was sich sinnvoll anfühlt, leisten können, weil du im Überfluss lebst. Doch du wirst auch manchmal sagen: Was mache ich nun mit diesem ganzen Geld, Ruhm und den vielen schönen Dingen um mich herum? Und wenn du das sagen kannst, dann weißt du, dass du deine Ganzheit erreicht hast. Endlich kannst du all diese Dinge als nettes Spielzeug des Lebens betrachten und einfach schauen, welches dieser Dinge dir gerade Spaß macht. Dann spielst du damit, nicht, weil du es brauchen würdest, sondern weil du es schön findest, damit zu spielen.

0 3 1 3 1 3 2 9 4 6 0 3 – die Zahlenmatrix für Wohlstand und Überfluss

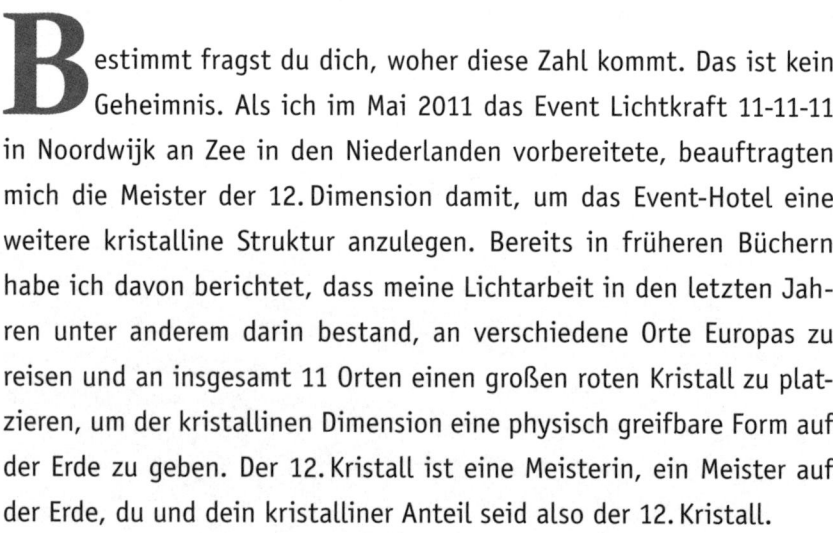

Bestimmt fragst du dich, woher diese Zahl kommt. Das ist kein Geheimnis. Als ich im Mai 2011 das Event Lichtkraft 11-11-11 in Noordwijk an Zee in den Niederlanden vorbereitete, beauftragten mich die Meister der 12. Dimension damit, um das Event-Hotel eine weitere kristalline Struktur anzulegen. Bereits in früheren Büchern habe ich davon berichtet, dass meine Lichtarbeit in den letzten Jahren unter anderem darin bestand, an verschiedene Orte Europas zu reisen und an insgesamt 11 Orten einen großen roten Kristall zu platzieren, um der kristallinen Dimension eine physisch greifbare Form auf der Erde zu geben. Der 12. Kristall ist eine Meisterin, ein Meister auf der Erde, du und dein kristalliner Anteil seid also der 12. Kristall.

Auf diese Weise wurde ich nun wieder aufgefordert. Ich zog also mit 12 großen, roten Kristallen in einer Tasche los und ließ mich vom höchsten Bewusstsein führen. Dieses Mal fanden 11 Kristalle ihren Platz in einem Wald und in den Dünen rund um das Event-Hotel und der 12. Kristall in der Nordsee. Bereits als ich den ersten Kristall in die Erde eingrub und dabei nachspürte, was dadurch im Inneren der Erde geschah, kam unmittelbar eine Zahl nach der anderen in meinen Geist. Ich packte schnell Zettel und Stift aus und schrieb die Zahlen auf. Was sollte ich nun mit diesen Zahlen tun? Ich hatte noch keine Idee. Doch auch, als ich den nächsten Kristall vergraben hatte, empfing ich eine Zahlenreihe. Nachdem alle 12 Kristalle platziert waren, hatte ich 12 Zahlenreihen: Die kristalline Zahlenmatrix war geboren. Heute, ein Jahr später, ist diese Zahlenmatrix zu einem festen Bestandteil meiner Arbeit geworden. Es lassen sich damit auf eine ganz einfache Weise alle Themen bearbeiten, die uns Menschen beschäftigen.

Betrachten wir also die Zahlenmatrix für Wohlstand und Überfluss. Schaue dir die Zahlen an, konzentriere dich eine Weile auf sie, starre sie an, verinnerliche sie:

$$0\ 3\ 1\ 3\ 1\ 3\ 2\ 9\ 4\ 6\ 0\ 3$$

Was ist geschehen? Konntest du die feine Energie spüren? Konntest du das Klopfen, das leise Vibrieren um deinen Nabel herum wahrnehmen? Spürst du sogar, wie sich deine Gehirnhälften beginnen, zu synchronisieren? Breiten sich Vertrauen und Sicherheit in dir aus?

Wiederhole diese Zahl immer wieder. Sprich sie laut aus, und wiederhole sie wie ein Mantra. Zigmal, hundertmal, tausendmal. Schreibe dir diese Zahl überall hin, wo du sie gut sehen kannst. Schreibe sie mit Bleistift auf alle deine Geldscheine, und bringe damit die kristalline Wohlstandsmatrix in Umlauf. Erinnere dich daran: »Alles, was ich gebe, ist ein Geschenk an mich selbst«, und: »Wenn ich anderen zu Gewinnen verhelfe, gewinne auch ich.«

Vielleicht gehörst du ja zu den an der Numerologie interessierten Lesern. Dann hast du bestimmt schon die Quersumme gebildet, oder? $0+3+1+3+1+3+2+9+4+6+0+3=35$, und die Quersumme daraus ist 8. Die Aussage der 8 ist, dass dir finanzielle Fülle bevorsteht. Ist das Zufall? Ja, die Zahl ist mir einfach so zugefallen ...

Die schnelle Kristallaktivierung – Rückverbindung mit der Wohlstandsmatrix

Nun kannst du eine noch intensivere Form der schnellen Kris- tallaktivierung anwenden. Wir fügen der Übung, wie du sie bereits kennst, noch die Zahlenmatrix hinzu.

1. Werde dir der 11 roten Kristalle in deinem Körper bewusst. Ein weiterer, 12. Kristall befindet sich im Mittelpunkt der Erde. Spüre in deinen Körper hinein, und sieh oder empfinde die Kristalle, oder wisse einfach, dass sie da sind. Genauso gehst du mit dem Mittelpunkt der Erde vor. Verweile ein oder zwei Minuten mit geschlossenen Augen in dieser Vorstellung, bevor du weiterliest.

2. Lasse nun ein Abbild der Kristalle aus deinem Körper und aus dem Mittelpunkt der Erde aufsteigen. Beobachte dann, wie sie ca. 50 cm über deinem Kopf schweben und sich dort zu einem Kreis aus 12 Kristallen formieren. Sieh, spüre oder wisse einfach, dass sich der Kristallkreis langsam zu drehen beginnt. Nimm wahr, wie die Kristalle immer schneller werden. Schließe deine Augen, und lies erst weiter, wenn du diese Vorstellung erlebt hast.

3. Visualisiere nun in jedem einzelnen der 12 roten Kristalle eine Zahl der Wohlstandsmatrix. Sieh die Zahlen, oder wisse einfach, dass sie da sind. Nimm also in einem Kristall die 0 wahr, im nächsten die 3, dann die 1, dann die 3 usw., bis du die ganze Zahlenmatrix für Wohlstand und Überfluss siehst:

   0 3 1 3 1 3 2 9 4 6 0 3

4. Sieh, spüre oder wisse einfach, dass sich der Kristallkreis langsam zu drehen beginnt. Nimm wahr, wie die Kristalle immer schneller werden. Schließe deine Augen, und lies erst weiter, wenn du diese Vorstellung erlebt hast.

5. Lasse nun einen Energiewirbel aus roten Lichtpartikeln aus den sich drehenden 12 Kristallen in deinen Kopf hineinfließen, und spüre, wie dein ganzer Körper von der kristallinen und deiner eigenen Kraft durchflutet wird. Schließe deine Augen, und lies erst weiter, wenn du diese Empfindung erlebt hast.

6. Stelle dir vor, wie rotes, kristallines Licht durch deinen Kopf und deine Gedanken fließt und sich in deinen Zellen veran-

kert. Verweile für ein paar Minuten, während du dich auf deinen ganzen Körper konzentrierst. Vielleicht beginnt er, leicht zu pulsieren und zu kribbeln. Du erlebst nun eine Art Update, dein Energiesystem wird in Kontakt mit der Meistermatrix gebracht. Schließe deine Augen, und lies erst weiter, wenn du diese Empfindung erlebt hast.

7. Bringe die Kristalle im Geiste wieder in deinen Körper und in den Mittelpunkt der Erde zurück. Verbleibe noch für einige Sekunden oder Minuten in diesem Zustand, und komme dann, wenn es sich für dich richtig anfühlt, wieder in das Hier und Jetzt zurück.

8. Beende diese Übung damit, dass du die Zahlenmatrix für Wohlstand und Überfluss noch mindestens 12 Mal laut und langsam bewusst aussprichst und dabei die multidimensionale Seinsintegration (MDSI) anwendest.

Mache diese Übung in den folgenden 2 bis 3 Wochen bitte jeden Tag mindestens 3 Mal. Dadurch wird sich dein ganzes Sein an die Kraft und das Meisterpotenzial für Wohlstand und Überfluss in dir erinnern.

Öffne dich jetzt für Erfolg

Wenn du dich auf die magnetische Anziehungskraft konzentrierst und dich energetisch auf den Erfolg ausrichtest, dann erlaubst du dem Erfolg, in deinem Leben zu sein.

Erfolg bedeutet, das zu empfangen, was deinen Sehnsüchten und Wünschen entspricht. Wichtig ist, dass deine Wünsche wirklich aus deinem tiefsten Herzen kommen und du nicht irgendetwas manifestieren möchtest, was vielleicht gar nicht deinem wahren Wesen entspricht. Oftmals haben wir Ziele und Wünsche nur, weil andere sie haben oder weil wir dadurch unser Ego befriedigen können, weil andere dann ein gutes Bild von uns haben. Aber nicht die Meinung anderer Menschen sollte das Maß für deinen Erfolg sein, sondern deine eigene Glückseligkeit.

Wenn du den Weg der Wahrhaftigkeit wählst, dann wirst du Erfolg auf der höchsten Ebene erleben. Nicht nur in Bezug auf materiellen

Erfolg, denn die höchste Ebene ist die deines höchsten Selbst. Sie ist dein Herzenslicht, deine eigene innere Wahrheit.

Sieh dies einfach als eine neue Entscheidung. Wo du heute stehst und was du heute hast, ist nichts anderes als die Folge aller Entscheidungen, die du bisher getroffen hast. Teils wurden deine Entscheidungen auf unterbewusster Ebene getroffen. Sie basierten dann jedoch meist auf deinen konditionierten Überzeugungen über Geld und Erfolg und nicht auf deinem neuen Glauben an deine unendlichen Möglichkeiten. In den nächsten Wochen wirst du dir der Wahlmöglichkeiten viel bewusster werden und auch, dass du bislang viel zu oft aus deinen alten Gewohnheiten heraus entschieden hast. Du wirst lernen, immer häufiger bewusste Entscheidungen zu treffen. Diese bringen dir Freude und Lebendigkeit!

Und dabei wird dir ein neuer Glaubenssatz besonders hilfreich sein:

»Ich wähle immer den Weg, der am meisten Licht für mich bereithält.«

Du kannst das Wort »Licht« natürlich durch Wörter wie Liebe, Freude, Enthusiasmus, Herzenswärme, Glückseligkeit, Frieden, Glück oder Vertrauen ersetzen.

Lege nun das Buch wieder zur Seite, und beginne damit, noch einmal die schnelle Kristallaktivierung durchzuführen (siehe Seite 154). Dann integriere die folgenden Transfirmationen mithilfe der MDSI in dein energetisch-körperlich-mental-emotional-spirituelles System:

Ich wähle immer den Weg, der am meisten Licht für mich bereithält.

Ich wähle immer den Weg, der am meisten Liebe für mich bereithält.

Ich wähle immer den Weg, der am meisten Freude für mich bereithält.

Ich wähle immer den Weg, der am meisten Enthusiasmus für mich bereithält.

Ich wähle immer den Weg, der am meisten Herzenswärme für mich bereithält.

Ich wähle immer den Weg, der am meisten Glückseligkeit für mich bereithält.

Ich wähle immer den Weg, der am meisten Frieden für mich bereithält.

Ich wähle immer den Weg, der am meisten Glück für mich bereithält.

Ich wähle immer den Weg, der am meisten Vertrauen für mich bereithält.

Zum Abschluss atmest du ein paar Minuten ganz intensiv. Schließe deine Augen, und erlebe 5 bis 10 Minuten lang deine Atmung.

Der Atem ist der erste Kontakt mit dem Leben. Dein Leben auf der Erde beginnt mit deinem ersten Atemzug und endet mit dem letzten.

Deswegen verrät die Art und Weise, wie du atmest, auch deine meist unbewusste Einstellung zum Leben.

Mit dem Einatmen nimmst du Lebensenergie auf, und während des Ausatmens lässt du los. Die meisten Menschen atmen zu flach, weil sie irgendwann aufgehört haben, das Leben als lichtvoll und »aufnehmenswert« zu sehen.

Deine Haltung zum Leben und zu dir findet im Atmen seinen Ausdruck.

Deswegen kannst du mit dieser Übung eine tief greifende Veränderung erzielen und deinen weiteren Lebensweg voller Licht, Liebe, Freude, Enthusiasmus, Herzenswärme, Glückseligkeit, Frieden, Glück und Vertrauen gehen.

Mache diese Übung täglich 5 bis 10 Minuten lang. Sprich die Transfirmationen, integriere sie mit der MDSI, und atme dann sanft tief ein und aus. Finde dabei deinen eigenen Rhythmus. Schon nach wenigen Tagen spürst du eine echte Veränderungen und ein tiefes Vertrauen in dein Leben.

Es geht in der kommenden Zeit darum, zu lernen, deine Entscheidungen auf neue Weise zu treffen, sodass die dich auf eine höhere Ebene bringen und dir dabei dienlich sind, deine Seele auszudrücken. Immer wenn du deinem eigenen Weg folgst, wirst du dein Wachstum, deine Lebendigkeit und deinen Überfluss erhöhen. Du tauchst immer mehr in den Superflow ein, und er wird irgendwann ein Bestandteil deines Alltags. Deswegen ist es zentral, unterscheiden zu lernen, welcher Weg für dich am meisten Licht bereithält. Du musst es immer und immer wieder üben und dabei immer mehr Abstand zu den »alten« Faktoren nehmen, die bisher deine Entscheidungen beeinflusst haben. Oft beziehen sie sich auf Geld, Ergebnis, Produktivität und Effizienz. Wenn du eine Entscheidung treffen musst, und dein Gefühl gibt dir keinen Hinweis, dann frage dich: Welche mögliche Entscheidung macht mir am meisten Freude? Was würde ich wirklich gern tun? Auch wenn diese Wahl dir im Moment nicht das meiste Geld bringt, kannst du sicher sein, dass sie die profitabelste ist. Triff Entscheidungen nie aufgrund der Überlegung, wie viel Geld sie bringt, sondern folge immer deinem Herzen. Dieser Weg wird dir immer mehr Überfluss bescheren.

Manchmal kann es vorkommen, dass du zwischen Möglichkeiten entscheiden musst, die alle freudvoll erscheinen. Das ist ein echter Luxus! Und doch gibt es immer den Weg, der am meisten Liebe und Freude bereithält. Frage dich dann: Welche Entscheidung enthält die größte Freude für mich und ist momentan die am besten durchführbare Variante?

Dem Licht zu folgen, heißt nicht, nicht alltagstauglich zu sein, ganz im Gegenteil. Ich persönlich wirke in meinem privaten Alltag weder esoterisch noch megaspirituell. Meine Nachbarn wissen nicht einmal, was ich beruflich tue, und akzeptieren mich als ganz normalen Menschen.

Triff also Entscheidungen, indem du dem größtmöglichen Licht folgst. Und erscheinen die Varianten gleichwertig, dann frage weiter: Welche Entscheidung trägt am meisten zur Entwicklung und zum Wachstum anderer bei und gibt anderen die Möglichkeit, mehr Überfluss zu erleben? Ist die Entscheidung immer noch unklar, denke an die höheren Werte, die du in deinem Leben neben Wohlstand und Überfluss noch erreichen möchtest, z. B. Wohlbefinden, Liebe und Lebendigkeit. Welche Wahl erlaubt dir die Entwicklung dieser Qualitäten am meisten?

Es ist also nicht sehr weise, dich in eine Situation zu bringen, in der du schnell Entscheidungen treffen musst, ohne dass du dir diese Gedanken machen kannst. Das gilt natürlich nur zu Beginn des Wachstums dieses Bewusstseins. Irgendwann bist du so im Superflow, dass selbst dein Verstand »erleuchtet« ist und ganz automatisch schnell auf diese Art entscheidet.

Auch wenn du manche frühere Entscheidung bereust, haben dich all deine Entscheidungen doch zu dem gemacht, was du heute bist. Alle Entscheidungen waren richtig. Du würdest sie vielleicht heute anders treffen, doch es ist alles zu deinem Wohle verlaufen. Dein Licht war immer bei dir. Je bewusster du damit umgehst, desto mehr wird es auch in Zukunft deine Entscheidungen unterstützen und dich zu deinem Erfolg führen. Vergib dir also selbst, und wisse, dass du immer das gemacht hast, was damals deinem besten Wissen entsprach. Vergib dir dafür, dass du dein Geld nicht sehr weise investiert hast, dass du das Grundstück nicht gekauft hast, obwohl du jetzt viel Geld dadurch hättest, dass du das Geld deinem Freund geliehen hast, obwohl du wusstest, dass du es niemals zurückbekommen würdest. Solche Gedanken können dich sabotieren und davon zurückhalten, größeren Reichtum zu erlangen. Wenn du stattdessen die Erfolge deiner Vergangenheit siehst, dann wirst du auch den Kurs deiner Zukunft neu ausrichten.

Wenn du dich wirklich einmal schnell entscheiden musst, dann kannst du folgende Übung machen: Stelle dir vor, dass du eine Wahlmöglichkeit in deiner rechten Hand und eine in deiner linken Hand hältst. Bitte dann die Hand, in der die für dich »lichtvollere Option« liegt, sich von allein anzuheben. Probiere es aus – es funktioniert!

Die kristalline 12er-Matrix wird dich mit deiner Wahrhaftigkeit verbinden, und du wirst immer mehr dahin geführt werden, das zu tun, was deinem Höchsten entspricht. Deine Integrität ist dabei ein ganz wesentlicher Faktor, denn je mehr du diese entwickelt hast, desto stärker ist deine Verbindung mit dem höchsten dir möglichen Bewusstsein. Deine Integrität führt dich also zu Entscheidungen, die Wohlstand für dich bereithalten.

Du wirst sehr genau merken, wann du deine Integrität stärkst und wann nicht. Immer wenn du mit deinen wahren Idealen in Verbindung bist und das tief in deinem Herzen fühlst, dann bist du auf dem richtigen Weg. Immer wenn du etwas nur wegen des Geldes tust, dann wird es sich auch nicht sehr angenehm anfühlen, du bist lustlos und nicht sonderlich motiviert.

Ehre deine Wahrhaftigkeit und deine Integrität. Das wird dazu führen, dass du ein Vielfaches dessen bekommst, was du erwartet hattest, und es wird deinen Wohlstand erhöhen. Es ist ganz wichtig, dass du dich bei allem, was du tust, auch wirklich gut fühlst, denn nur dann handelst du im Einklang mit deinen Meisterwerten.

Dazu musst du natürlich ehrlich zu den Menschen sein, mit denen du zu tun hast. Deine Integrität wird dich immer wieder herausfordern, dir das anzusehen, was wichtig und echt für dich ist, sodass du dieses wählen kannst, anstatt den Illusionen, deinen früheren Versprechen und den Wünschen anderer zu folgen. Folge nur noch deinen höchsten Idealen und deiner eigenen Weisheit. Mache Dinge auf eine Weise, durch die du dich selbst geehrt fühlst und die sich richtig und wahrhaftig anfühlt. Ehre alle Menschen, mit denen du zu tun hast, und tauche alles in das Licht deiner Seele. Deine Energie und dein Wesen sind dein Geschenk an die Welt. Je klarer und fließender deine Energie ist, desto mehr kannst du anderen geben. Und je mehr du anderen zu Wohlstand verhilfst, desto mehr Wohlstand wirst du selbst erfahren. Geld, das du aus deiner Wahrhaftigkeit und Integrität heraus kreierst, ist Geld des Lichts. Und dieses Geld wird viel Gutes für dich und andere bringen.

Spiritualität und Luxus gehören zusammen

Wir wollen deine Meisterschaft in Bezug auf Wohlstand und Überfluss schnell erhöhen, denn es ist jetzt an der Zeit dafür. Um das zu erreichen, musst du dir bewusst machen, wie erfolgreich du bereits bist und was du bereits alles erschaffen hast. Du musst dir sicher sein, dass du bereits integer bist und lichtvolle Entscheidungen triffst. Nimm dir einen Moment Zeit dafür, nur zu atmen und dir selbst zu sagen, dass du bereits erfolgreich bist. Mache deinen Erfolg nicht abhängig von den Zielen, die du noch nicht erreicht hast, sondern von dem, was du in deinem Leben bereits an kleinen und großen Wundern siehst.

Werde dir bewusst, welche wundervollen Dinge du jetzt schon machst. Erfolg stellt sich immer dann ein, wenn du dich im Augenblick erfolgreich fühlst. Er ist nicht ein Gefühl, das du irgendwann einmal erleben wirst, wenn du eines deiner Ziele erreicht hast oder das dir eine große Summe Geld irgendwann einmal geben wird. Ja, Menschen mit viel Geld fühlen sich erfolgreich, aber weil sie gelernt haben, wie sie sich selbst Wertschätzung entgegenbringen, und weil sie sich im Inneren erfolgreich fühlen. Verändere deine Definition von Erfolg. Mache ihn nicht an dem Auto fest, das du fährst, nicht an der Summe des Geldes, das du auf dem Bankkonto hast, nicht an dem Haus, in dem du wohnst. Erfolgreich zu sein, bedeutet, den »richtigen« Geldbetrag zu haben, das »richtige« Auto zu fahren und in der »richtigen« Wohnung zu leben. Erfolg liegt darin, deine Gewohnheiten und Überzeugungen zu transformieren, deine Ängste zu bewältigen, Dinge zu tun, die du über alles liebst, und deine ganz speziellen Talente zu erkennen und zu entwickeln.

Aus höherer Sicht betrachtet ist ein Mensch erfolgreich, wenn er etwas in dem Moment manifestiert, in dem er es auch braucht. Wenn er andere Menschen respektiert und aus all seinen Erfahrungen lernt und dadurch wächst. Bewerte andere also nicht als erfolgreich aufgrund ihres Geldvermögens, ihrer Kleidung oder ihres Autos, sondern aufgrund der Qualität und der Freude in ihrem Leben.

Wenn du dich auf die höhere Sichtweise von Erfolg konzentrierst, dann erkennst du, dass du bereits viele Erfolge in deinem Leben erschaffen hast.

Du kannst natürlich, wenn es deiner eigenen Wahrhaftigkeit entspricht, alles für dich in Anspruch nehmen: Glücklichsein, viel Geld, ein tolles Auto, qualitativ hochwertige Kleidung und auf dem höchsten Weg des Lichts zu gehen.

Spirituell zu sein, das Göttliche in dir zu entwickeln, erleuchtet zu sein und Luxus gehören zusammen!

Erfolg drückt sich in einem Gefühl von Selbstliebe, Selbstbewusstsein und Selbstwert aus. Kannst du dieses Gefühl für einen Moment abrufen? Sage zu dir selbst:»Ich bin erfolgreich.« Wie fühlt sich das an? Kannst du dieses Gefühl für ein paar Minuten halten und es durch deinen Körper strömen lassen? Erkenne all die Dinge, die du jetzt bereits erfolgreich machst. Wenn du dich in anderen Bereichen bereits erfolgreich fühlst, wird es einfacher sein, dich auch in Bezug auf Geld erfolgreich zu fühlen. Dein Körper ist das Instrument für die Manifestation, denn er setzt deine Gedanken in Handlungen um. Deswegen ist es so wichtig, dass du das Gefühl von Erfolg häufig auch in deinen Körper hineinbringst. Dieses Gefühl wird dich dann zu Erfolg in allen Bereichen deines Lebens führen.

Wertschätze, wo du jetzt stehst. Anstatt dich zuerst darauf zu konzentrieren, wo du hingelangen willst, beginne damit, zu erkennen, wo du bereits angelangt bist. Genauso wichtig wie langfristige und große Ziele in deinem Leben zu haben, ist es, die kleinen, einfachen und kurzfristig erreichbaren Dinge im Alltag zu sehen. Das zu üben, wird eine deiner Aufgaben in den kommenden Wochen sein. Denn dann kannst du dir immer häufiger gratulieren. Gib dir immer genügend Wertschätzung für jedes kleine oder große erreichte Ziel, bevor du zum nächsten weitergehst. Viele Menschen machen den Fehler, ständig auf der Suche nach neuen und noch größeren Dingen zu sein, und genießen und wertschätzen nicht das, was sie bereits erreicht haben.

Doch gerade das ist Glücklichsein! Das gibt dir Lebendigkeit und die Genugtuung, nach der du suchst. Die letzten Tage konnte ich in den Bergen verbringen. Ich spüre tiefe Dankbarkeit dafür, dass ich hier, an diesem für mich traumhaften Ort, sein durfte, um dieses Buch zu schreiben.

Erkenne deine Erfolge! Wenn du das tust, wirst du an ihnen weiter wachsen. Sieh dich sowohl in der Vergangenheit als auch im Moment als erfolgreiche Person. Denke an Zeiten in der Vergangenheit, in denen du dich erfolgreich gefühlt hast. Erinnere dich auch an die Gefühle, die du hattest. Je häufiger du dich an frühere Erfolge erinnerst, desto mehr Erfolg wirst du in der Zukunft erschaffen können.

Werde dir also jetzt gleich möglichst vieler deiner früheren Erfolge bewusst. Schreibe alles auf, was dir gerade einfällt, und empfinde dann wieder Dankbarkeit dafür. Reserviere dir ein paar Seiten dafür in deinem neuen Notizbuch, in dem du auch die Wunder in deinem Leben aufschreibst. Hast du es dir noch nicht besorgt, kannst du die folgenden Seiten dafür verwenden. Doch bitte übertrage deine Erfolge später noch in das »richtige« Buch, und lasse ihre Kraft sich dort entfalten. Lasse sie in deinen Zellen schwingen!

Mein Erfolgstagebuch

_____

_____

_____

_____

_____

_____

_____

_____

_____

_____

_____

_____

_____

Alte Glaubensmuster und überflüssige Geldprogramme

Viele Menschen erleben, dass zwar anfangs Wunder eintreten, doch mit der Zeit wieder vermehrt Dinge geschehen, die an die »alte Zeit« erinnern. Sie werden wieder mit vielen alten Themen konfrontiert. Nachdem es anfangs in die richtige Richtung ging, kommen nun die alten Muster wieder durch. Warum ist das so?

In unserem Unterbewusstsein gibt es eine Art Wissensspeicher. Du hast früher alte Konditionierungen gelebt und einen anderen Glauben gehabt. Dies hat dein Selbstbild geprägt und in deinem Gehirn Synapsen geschaffen, die jenem entsprachen. Zwar haben wir auch schon neue Synapsen in deinem Gehirn aufgebaut. Was wir jedoch noch nicht getan haben, ist, das alte Selbstbild loszulassen.

Um diesem alten Selbstbild auf den Grund zu gehen, schauen wir uns einmal an, wie das Gehirn funktioniert. Die Synapsen sind Verbindungen zwischen zwei Nervenzellen im Gehirn. Eine Nervenzelle hat Tausende sogenannte Dendriten, Verästelungen, die in alle Richtungen vom Zellkörper weggehen, fast wie die Tentakel eines Oktopus. Wenn wir etwas zum ersten Mal tun, haben wir noch keine Struktur für diese Handlung im Gehirn. Dazu müssen die Dendriten zweier Nervenzellen eine Verbindung miteinander, eine Synapse, bilden. Wenn du etwas immer wieder machst, z. B. Übungen für ein spirituelles Wohlstandsbewusstsein, bilden sich mehr und mehr Synapsen. Wenn wir etwas immer wieder tun, es visualisieren oder uns vorstellen, erschaffen wir immer mehr Synapsen, immer mehr Verbindungen zwischen Nervenzellen. Dadurch wird die neue Handlung oder der neue Glaubenssatz zur Gewohnheit und gelangt schneller in die Tiefe unseres Bewusstseins. Es ist so, als ob wir einen Schaltkreis in der Gehirnstruktur erschaffen. Diese realen Strukturen unterstützen die Gewohnheiten, die Bewegungen, die Anziehungskraft oder was immer wir wollen.

Natürlich erschafft auch das Denken Synapsen. Wenn du also früher die ganze Zeit negativ über Geld, Wohlstand und Reichtum gedacht hast, hast du Schaltkreise mit negativem Inhalt erschaffen. Mein Opa hat mir immer gesagt: »Bub, Geld ist schmutzig. Du musst dir unbedingt die Hände waschen, wenn du es angelangt hast«, oder: »Nimm Geld nicht in den Mund, das ist schmutzig!« Was geschieht da im Gehirn eines Kindes? Es folgert: Geld = Schmutz = negativ = Krankmacher = »Geld ist nicht gut für mich.« Nervenverbindungen entstehen, die es genau so über Geld denken lassen. Die Folge ist, dass Geld im weiteren Leben dieses Kindes mehr und mehr zu einer Belastung wird.

Doch, Gott sei Dank, funktionieren Synapsen genauso mit positiven Gedanken. Wenn wir einen neuen, positiven Kreislauf erschaffen, entwickeln wir dadurch einen positiven Autopiloten. Alle Handlungen wie das Laufen, das Sprechen und das Essen basieren auf einem Autopiloten. Wir erschaffen, indem wir Synapsen entstehen lassen, also neue Fertigkeiten, neues Können. Neue Gewohnheiten und selbst Reflexe basieren auf Synapsen, es ist sehr wichtig, das zu verstehen.

Deswegen erinnert sich unser Gehirn natürlich trotz des wachsenden spirituellen Geldbewusstseins manchmal doch noch an diese alten Gewohnheiten, die alten Glaubenssätze, die alten Muster in uns. Bewerte deswegen bitte kleinere oder auch größere Rückschläge nicht als Scheitern, sondern als eine wunderbare Möglichkeit, zu entdecken, dass es da noch alte Synapsen in dir gibt. Gehe deswegen also bitte nicht in deine Komfortzone zurück und sage: »Ich schaffe es ja doch nicht«, sondern: »Los geht's – jetzt erst recht!«

Es ist sehr wichtig, was du machst, während du mit diesem Buch arbeitest, denn du veränderst deine Synapsen in Bezug auf Geld und Bewusstsein. Und dabei ist es wichtig, dass wir in beide Richtungen schauen: die alten Synapsen auflösen und neue aufbauen! Denn wenn wir die alten nicht auflösen, können sie wieder aktiv werden.

Ein Raucher, der durch pure Willenskraft aufgehört und dadurch neue Synapsen für das Nichtrauchen gebildet hat, kann selbst nach zehn Jahren ohne Rauchen durch einen Unfall oder eine Scheidung beispielsweise von einem zum anderen Moment wieder in seine alte Gewohnheit zurückfallen. Er raucht so viel wie damals, und das sogar zu den gleichen Gelegenheiten und Zeiten. Denn die Reflexe sind immer noch in seinem Gehirn verankert, die Synapsen leben noch. Durch Visualisierung, Meditation, Bewusstwerdung, Übungen und Energieübertragungen haben wir die Chance, diese alten Synapsen zu lösen und neue zu erschaffen.

Die Wissenschaft sagt, dass für die Erschaffung neuer Synapsen drei Wochen notwendig sind. Wir müssen also drei Wochen lang etwas immer wieder tun, um es zu einer Gewohnheit zu entwickeln. Die Chinesen glauben, dass wir 100 Tage dazu brauchen, deswegen machen sie ihre Qigong-Übungen für 100 Tage, bis die Energie automatisch durch ihren Körper fließt. Die Chinesen sagen, wenn jemand am 99. Tag aufhört, muss er mit seinen Übungen wieder von vorn beginnen.

Wir erkennen also, dass das Verändern von Synapsen nicht von heute auf morgen geht und wir für eine bestimmte Zeit daran arbeiten müssen. Die Übungen in diesem Buch sind so umfangreich, dass du die 100 Tage weit übertriffst.

Wenn wir die alten Synapsen, die mit Armutsbewusstsein korrespondieren, entfernen und neue Synapsen bilden, die das Wohlstandsbewusstsein und das Reichsein dauerhaft in deinem Denken und in deinen Handlungen verankern, gibt es irgendwann in deinem Denken nichts anderes mehr als Reichtum.

Wenn du diesbezüglich also wirklich etwas verändern möchtest, dann nimm dich bitte selbst mit dieser Entscheidung ernst, und lies dieses Buch nicht nur, sondern mache auch die Übungen gewissenhaft. Überspringe nichts, sondern bleibe dabei!

Du hast das Geld für dieses Buch und vielleicht die CD in dich inves- tiert. Eine Investition in sich selbst ist die beste Investition, die man tätigen kann, doch stehe auch zu deiner Entscheidung! Mache also regelmäßig alle Übungen, und nimm dir so viel Zeit wie möglich für dich und das Notieren der Wunder und deiner Erfolge.

Entdecke deine Glaubensmuster

Was denkst du also mittlerweile über Wohlstand? Dass er auf ganz leichte Weise zu dir kommt? Oder dass er nur eintreten kann, wenn du hart dafür arbeitest? Du wirst beides bereits in deinem Leben erfahren haben. Du musst deinen Glauben verändern, damit sich im Außen etwas verändern kann. Um herauszufinden, was du über dich und über Geld glaubst, um also auch die negativen Glaubensmuster aufzudecken, musst du eigentlich nur eine Erfahrung aus deiner Vergangenheit ansehen. Denn alles, was du in der Vergangenheit erlebt hast, war eine Reaktion auf deinen Glauben. Wenn du also oft damit gescheitert bist, deine Rechnungen rechtzeitig zu begleichen, oder immer wieder Post von Inkassounternehmen bekommen hast, vielleicht sogar dein Telefon nicht mehr abgenommen hast, weil du Angst hattest, ein Gläubiger meldet sich, was muss dann deine Überzeugung über die Realität gewesen sein? Was musst du gedacht haben, um diese Umstände zu erschaffen?

Sicherlich ist ein Glauben von dir gewesen: »Ich habe es nicht verdient, reich und wohlhabend zu sein«, oder: »Das Leben ist hart.« Ein sehr weit verbreiteter Glaube ist: »Wenn ich viel Geld habe, werde ich nicht geliebt, sondern alle sind nur hinter meinem Geld her.« Je mehr Liebe du anderen Menschen gibst, desto weniger wirst du an diesem Glauben festhalten. Wenn du anderen Liebe sendest, wirst du Liebe zurückerhalten, so lautet das universelle Gesetz. Und dann ist es auch vollkommen egal, wie viel Geld du momentan hast. Sende deine Liebe frei hin zu allen Menschen, unabhängig davon, ob sie finanziell bemittelt sind oder nicht.

Vielleicht gehörst du zu den Menschen, die glauben, dass sie, wenn sie viel Geld haben, auch eine große Verantwortung tragen müssen. Doch wenn du glaubst, dass du deine Rechnungen nicht bezahlen kannst, dann trägst du auch eine große Last. Es spielt also keine Rolle, was du denkst, denn egal, was es ist: Du trägst den Glauben in dir, dass Geld dich belastet, ob du nun viel hast oder viel zu wenig. Ist das nicht absurd?

Was du glaubst, wirst du erfahren. Wenn du glaubst, dass eine große Menge an Geld dich belastet, dann solltest du diesen Glauben schnell verändern. Wenn das Geld bald da ist, dann solltest du frei sein davon ... denn so schnell das Wunder da ist, ist es auch wieder weg, wenn du an deinem alten Glauben festhältst.

Wenn du bereits das Universum, die Engel und deine Guides um viel Geld gebeten hast, es jedoch momentan noch nicht hast, dann kann dir dein höheres Selbst dabei helfen, deinen negativen Glauben über

Geld zu verändern. Und dann wird dein Leben (das Universum, die Engel und deine Guides) dir bringen, worum du gebeten hast. Deine Überzeugung über Geld ist entscheidend dafür, auf welche Weise du es anziehst, es ausgibst und in welcher Beziehung du zu Geld stehst. Denkst du, es ist möglich, Geld zu verdienen, indem du das machst, was du liebst? Oder glaubst du, dass viel Geld zu erschaffen bedeutet, dass du hart arbeiten musst und immer wieder scheiterst? Wenn es irgendetwas gibt, was du möchtest, aber bis jetzt noch nicht hast, dann hast du wahrscheinlich eine Überzeugung in dir, die dich davon abhält, es zu haben. Doch in jedem Glauben, den du auslebst, ist der Samen des entgegengesetzten Glaubens enthalten, den du nur noch nicht hast sprießen lassen. Im Glauben, dass du Geld nicht verdient hättest, ist auch der Glaube daran enthalten, dass du Geld verdient hast. Wenn du deine Aufmerksamkeit ganz bewusst vom negativen Glauben wegnimmst und den positiven aktivierst, dann veränderst du auch das, was du erlebst.

Wahrscheinlich kommt viel deines negativen Glaubens von den Programmierungen deiner Eltern oder Lehrer. Sehr viele Überzeugungen übernehmen wir von den Eltern, von dem, was sie gesagt haben, was sie geglaubt haben, was sie uns vorgelebt haben, selbst von dem, was sie gedacht haben. Denn auch das hast du in einer ganz frühen, meist sogar der pränatalen Phase aufgenommen und für wahr gehalten. Bereits im Bauch deiner Mutter haben sich ihre Handlungen und Gedanken über Geld auf dich übertragen.

Löse dich aus dem Geldbewusstsein deiner Eltern

Der einfachste Weg, dich von den Überzeugungen deiner Eltern zu befreien, ist es, deinen Eltern dafür aus tiefstem Herzen zu vergeben. Du musst deinen Eltern für alle Überzeugungen vergeben, die du nun nicht länger haben möchtest. Bitte mache dir klar, dass sie das Beste getan haben, was sie konnten. Lege jetzt erst einmal das Buch zur Seite, und suche ein Bild von deinen Eltern heraus. Lege es neben dich. Das ist wirklich wichtig, bitte mache die Übung erst, wenn du ein Foto deiner Eltern herausgeholt hast.

Ersetze bei dieser Übung bitte die Wörter »Mama« und »Papa« mit der Bezeichnung, mit der du deine Eltern angesprochen hast.
Mache zuerst die schnelle Kristallaktiverung (siehe Seite 154), lege das Bild dabei auf dein Herz, und sage dann laut:

»Liebe Mama, ich bin jetzt bereit und offen dafür, allen Glauben über Geld, den ich von dir übernommen habe und der mir nun nicht mehr dient, vollkommen loszulassen.«

Atme ein paar Mal tief ein und aus, und stelle dir vor, wie bereits die ersten alten Synapsen in deinem Gehirn sich lösen.

Fahre dann fort:

»Lieber Papa, ich bin jetzt bereit und offen dafür, allen Glauben über Geld, den ich von dir übernommen habe und der mir nun nicht mehr dient, vollkommen loszulassen.«

Zum Abschluss atmest du ein paar Minuten wieder ganz intensiv. Schließe deine Augen dabei, und stelle dir mindestens 5 Minuten lang vor, wie die Synapsen in deinem Gehirn umgeschaltet werden. Mit dem Einatmen stellst du neue Verbindungen her, und während des Ausatmens lässt du die alten los.

Sicherlich waren diese alten Glaubensüberzeugungen einmal sehr gut für dich, doch diese Zeiten sind nun vorbei! Sie haben dich natürlich unterstützt und zu den notwendigen Lektionen und Erlebnissen geführt, die du für deine Entwicklung gebraucht hast. Du hast dadurch mehr von deinen Potenzialen entdeckt und entfaltet, doch jetzt, wo du dir dessen bewusst bist, kannst du sie wirklich loslassen. Sie sind dir jetzt nicht mehr dienlich. Wähle also jetzt deine eigenen, neuen Prinzipien im Zusammenhang mit Geld und Wohlstand. Du weißt, dass du Glauben, Gedanken, Konzepte und Bilder selbst wählen kannst. Wähle genau die, die du möchtest. Erinnere dich an die

Transfirmation: *Ich wähle Glaubensüberzeugungen, die mir Lebendigkeit und Wachstum bringen.*

Sei also in der kommenden Zeit ganz wachsam, und werde dir all deiner alten Überzeugungen bewusst. Entdecke, was dich hemmt, lasse es los, und erschaffe neue Überzeugungen!

Reserviere in deinem Notizbuch ein paar Seiten dafür, eine Sammlung von Überzeugungen zu notieren, die dir in deinem Alltagsleben bewusst werden.

Wenn du bisher geglaubt hast: »Ich muss hart arbeiten für mein Geld«, forme diesen Glauben um zu: »Es ist ganz leicht für mich, Geld zu verdienen. Selbst wenn ich in der Hängematte liege, verdiene ich Geld.« Lasse das Bild so real wie nur möglich werden, und schaue dir alles an, was deine Kreativität dir an Bildern und Ideen dazu gibt. Füge diese deinen täglichen Visualisierungen hinzu. Fühle dann all die positiven Gefühle, die du hast, wenn du diesen neuen Glauben über dich erlebst.

Wenn du glaubst, dass du schöne Dinge nicht verdient hättest, dann kaufe dir bitte etwas ganz Schönes als Symbol dafür, dass du es wirklich verdient hast.

Frage dich: Gibt es irgendeinen Grund in meinem Leben, aus dem ich keinen Wohlstand erfahre? Verdiene ich ihn? Denke ich, dass andere Menschen, die Geld haben, ihn mehr verdienen als ich? Wie lautet deine Antwort? Schreibe sie auf:

Ich _____

Es ist genug da! – Warum dein Dispokredit keinen Sinn ergibt

Das, was wir in unserer Welt gelernt haben, ist das, was wir nun im Außen sehen. Wir sehen die enormen Schuldenlasten

selbst bei Staaten wie Deutschland, Italien, Spanien und den USA. Wir haben es als normal akzeptiert, eigentlich immer von allem zu wenig zu haben. Immer wieder erlebst du dich selbst dann als nicht vollkommen. »Ich bin nicht vollkommen, also brauche ich einen Partner.« »Ich bin nicht vollkommen, also benötige ich jemanden, der für mich dies oder das macht.« »Ich bin nicht vollkommen« ist ein wirklich tief sitzendes Konzept, das sich bis tief in den Zellen deines Körpers verankern kann. Viele Menschen könnten frei von Krankheiten sein, wenn sie die Ganzheit in ihrem Körper wiederherstellen würden, dafür sorgten, dass die Kommunikation zwischen den Organen wieder funktioniert und die Energie in den Meridianen wieder fließt. Stattdessen denken die meisten: »Ich bin krank, also benötige ich Medizin von außen, um wieder gesund zu werden.« Wir haben in einem drastischen Maße den Glauben an unsere eigene Kraft verloren und es als völlig normal akzeptiert, dass wir von allem zu wenig haben. Immer hinken wir der Vollkommenheit hinterher, und natürlich ist es mit dem Geld dasselbe. Jeden Monat hast du zu wenig und musst ständig deinen Dispokredit bei der Bank erhöhen. Jeden Monat siehst du ein fettes Minus auf deinem Kontoauszug, und es wird immer fetter.

Da wir hier das spirituelle Geldbewusstsein entwickeln wollen, gebe ich dir die wahrscheinlich wichtigste praktische Empfehlung im alltäglichen Umgang mit Geld, wenn du den Fokus von »zu wenig haben« endlich auf »es ist genug da« verschieben willst:
Kündige den Dispokredit für dein Girokonto! Wandle es in ein Guthabenkonto um, und sage deiner Bank, dass jegliche Überziehung deines Kontos ab sofort untersagt werden soll. Das geht, ich habe so ein Guthabenkonto, das keine Überziehung erlaubt. Du prüfst bitte genau, ob das in deiner momentanen Situation möglich ist, bevor du dem Ratschlag folgst. Aber es ist ein sehr wirksames Mittel, um die Wahrnehmung in deinem Geldalltag zu verändern. Es kann anfangs dazu führen, dass Lastschriften zurückgehen, weil vielleicht nicht genug Deckung da war. Es mag erst einmal fremd für dich sein und zu Beginn auch mehr Arbeit und Kontrolle bedürfen, doch du wirst dann endlich das Gefühl »Es ist immer genug da« entwickeln können. Du wirst nur noch ein schwarzes Plus vor den Zahlen sehen.

Wie geht das praktisch? Wandle deinen Überziehungskredit am besten gleich in einen Kredit um, den du in Raten abbezahlen kannst, so wie es deine Möglichkeiten zulassen. Lehne dich nicht zu weit aus dem Fenster, und halte die Raten lieber niedriger, doch entkomme damit der Mangel-Falle! Du wirst schon bald ein viel positiveres Gefühl in Bezug auf Geld entwickeln und nicht mehr aus dem ständigen Mangel heraus leben, sondern immer im Guthaben sein. Das wird dein Gefühl deutlich verändern. Du wirst endlich frei sein!

Ich habe das vor 5 Jahren so gemacht, und es funktioniert im Alltag prima! Es gab seither noch keinen einzigen Tag, an dem zu wenig zur Verfügung stand. Vielleicht musst du alle Einzugsermächtigungen stoppen und in der ersten Zeit die regelmäßigen Überweisungen selbst ausführen, doch es lohnt sich, das zu tun. Auch wenn mal ein Bankeinzug zurückgeht und die Bank einen unangenehmen Brief schreibt,

bleibe stark! Sie können dir damit nämlich einreden, dass du nicht genug bist, sie können dich spüren lassen, dass sie an der Macht sind, sie können dich unterdrücken. Auch wenn die Person, die den Brief geschrieben hat, dies niemals persönlich meint und viele Banker sich gar nicht bewusst sind, in was für einem Apparat sie wirken. Doch die energetische Wirkung auf dich ist sehr wohl vorhanden.

Es geht hier auch nicht darum, einen Berufsstand zu verurteilen, sondern zu verdeutlichen, in welchem System wir uns befinden. Ich kenne viele »Lichtbringer« in unserem Finanzsystem. Das sind Menschen, die dort arbeiten und bereits ein anderes Denken auf einer höheren Bewusstseinsebene entwickelt haben. Ich und du und wir alle sind

Teil und Mitschöpfer dieses Systems. Wenn du dieses System also verurteilst, dann verurteilst du nur dich selbst. Was du tun kannst, ist, an deiner Bewusstwerdung zu arbeiten, und aus dieser heraus kannst du dann deine Rückschlüsse ziehen und neue Entscheidungen treffen und dadurch Veränderungen anregen. Das ist der erste Schritt weg von diesem »Machtapparat Girokonto«, mit dem du einer Bank Macht über dich gibst. Ständig kann dir suggeriert werden, dass du zu wenig hast, und dadurch rutschst du immer tiefer in die Abhängigkeit. Menschen, die glauben, zu wenig zu haben, sind viel leichter zu steuern, als Menschen, die wissen, dass sie vollkommen sind, die wissen, dass sie etwas guthaben.

Physiomagie –
Vom So-Tun-als-ob hin zum Sein

Einer der wirksamsten Schritte zur Manifestation eines Lebens in Wohlstand ist es, den noch klein denkenden Geist zu überzeugen, ein überfließendes Leben zu haben. Die Physiomagie des Geldes ist natürlich nur eine Übergangslösung, doch sie wird dir eine Zeit lang größere Dienste leisten. Physiomagie bedeutet, dass du deinem Leben eine Art wunderwirkende Täuschung gibst, die aus deiner kreativen Fantasie entspringt. Damit unterstützt du die Manifestation deiner Träume und Fantasien.

Dies funktioniert deshalb so gut, weil die meisten Menschen von der Realität der physikalischen, greifbaren, faktischen Welt überzeugt sind. Wenn du also noch in dieser Überzeugung lebst, weil dein Verstand glaubt, dass die Welt der Fakten, Objekte und Umstände realer ist als die innere Welt der Fantasie und des Traumes, kannst du diesen eigentlich begrenzenden Glauben zu deinem Vorteil nutzen. Du machst mit dieser Übung deinen Verstand zu deinem Freund und schlägst deinen Vorteil aus ihm.

Wie Manifestation funktioniert, weißt du bereits. Mit den vielen neuen Überzeugungen, die du mit der MDSI und den Transfirmationen in dir zum Leben erweckt hast, wurde diese Basis in dir gelegt, und du kannst diese nun für die Physiomagie nutzen.

Wenn du einen Traum oder eine Fantasie hast, die du verwirklichen möchtest, dann bedeutet Physiomagie, dich mit den realen, physischen Objekten dieses Traumes zu umgeben, den Traum physisch auszuleben. Du begibst dich also genau in die Umwelt oder Umgebung, die deine Fantasie symbolisiert. Das kann ein physisch reales, ein repräsentatives oder ein symbolisches Szenario sein, das genau deinem Traum entspricht und ihn im Außen symbolisiert.

Ich gebe dir ein Beispiel: Als ich 24 war, musste ich eine relativ lange Zeit im Krankenhaus verbringen. Ich hatte großes Glück, weil ich sehr fröhliche Menschen um mich herum hatte. An einen immer gut gelaunten Pfleger und einen immer lächelnden Stationsarzt kann ich mich noch heute erinnern. Sie machten Eindruck auf mich, und es war besonders schön, in dieser anstrengenden Zeit mit Menschen zu tun zu haben, die mir guttaten. Zwischen all den Operationen, Behandlungen und einer Chemotherapie waren diese Augenblicke wertvoll. Ich war fasziniert von all den Dingen, die um mich herum geschahen, und ich empfand es als Gabe, wenn Menschen wie diese zwei in der Lage waren, andere Menschen mit ihrer Kraft zu heilen.

Nicht die Behandlungen sind es, an die ich mich erinnere, sondern die Passion der Heiler dort. Und da beschloss ich, auch »Heiler« zu werden. Natürlich hatte ich zu diesem Zeitpunkt noch keine Ahnung, wo mich dieser Entschluss einmal hinführen sollte, denn mein erster Gedanke war, wenn ich meine Kraft wiedererlangt und den Krebs »überstanden« hätte, mein Abitur nachzuholen und Medizin zu studieren. Doch mein Weg war ein anderer. Viele wunderbare Orchestrierungen meines höchsten Bewusstseins haben ihn mir und meinem Herzen gezeigt. In meinem Leben tauchten immer mehr Menschen auf, die ähnliche Erlebnisse wie ich gehabt hatten und deren Weg auch durch sogenannte Schicksalsschläge vollkommen verändert worden war. Heute bezeichne ich diese Begegnungen als Wunder meines Lebens. Viele Ausbildungen in alternativen Heilweisen und der brennende Wunsch in mir, die Kraft meines Geistes und meines Bewusstseins zu erforschen, stärkten immer mehr mein Verlangen danach, Heiler zu sein. Also tat ich alles dafür, dies in meiner Realität sichtbar werden zu lassen. Ich ließ mein Büroschild ändern und statt Coaching Heilpraxis daraufschreiben. Ich ließ auch meine Visitenkarten neu drucken. In meiner neuen Realität gab es also ganz bestimmte Objekte und Orte, die zu der neuen Version von mir als Heiler passten. Auch wenn es zu diesem Zeitpunkt noch einer Wunschrealität entsprach, war es doch die Realität meines Seins, die ich zu diesem Zeitpunkt in meinem Herzen wahrnahm. Das Einzige, was noch fehlte, waren Menschen, die von mir geheilt werden wollten. Was für ein Ego! Nun ja, doch das ist ein anderes

Thema. Ich möchte dir anhand dieses Beispiels zeigen, wie wunderbar die Physiomagie wirkt, selbst um Klienten oder Patienten zu »erschaffen«, die in deine Praxis kommen, wenn du diese eröffnest. Dieses Beispiel ist meins, und es kann durch jeden anderen Wunschtraum von dir ersetzt werden. Egal, ob du Finanzexperte, Reitlehrerin, Profi-Tennisspielerin oder einer der besten Ingenieure sein willst, funktioniert das immer auf die gleiche Weise – nur eben mit anderen Requisiten. Es ist ganz leicht, solche Objekte und Orte als Repräsentationen deines Wunschtraumes in dein alltägliches Leben zu bringen. Einen Traum physisch auszuagieren, ist eine extrem kraftvolle Technik und wird dir immer zur Orientierung auf deinem Lebensweg dienen.

Wenn also deine Wunschrealität ist, ein Heiler zu sein, dann umgib dich mit den Dingen, Informationen und Objekten, die du in dieser Realität hättest. Und zwar so gut du kannst und soweit es Freude macht. Es ist am Anfang wirklich vollkommen egal, ob es sich beispielsweise um eine echte Heilerpraxis handelt oder um das echte Handwerkszeug deiner Therapieform oder Behandlungsmethode oder du mit echten Klienten oder Patienten sprichst. Komme dem Echten so nah wie möglich. Mit deiner Fantasie machst du die Dinge zu Symbolen deiner neuen Realität – du tust so, als ob. Vielleicht hast du bereits eine Art Requisite, die deine neue Realität repräsentiert. Gewöhne dich daran, in einer entsprechenden Umgebung zu sein. Beginne, einen inneren Bezug zu den Themen herzustellen.

Mit meinem Wunsch, Heiler zu sein, begann ich also, mir ein Szenario aufzubauen, und stellte mir ein paar Fragen:

- Was braucht ein Heiler? – Patienten und Klienten, die geheilt werden wollen.
- Wo arbeitet ein Heiler? – In einer Praxis oder einer Klinik.
- Wen möchte ich heilen? – Menschen, die an Krebs erkrankt sind.
- Wie möchte ich heilen? – Indem ich den Menschen zu seiner Kraft zurückführe und die Selbstheilung in ihm initiiere.
- Was kann mein Geist dazu beitragen? – Ich kann Tumore schmelzen lassen wie ein Stück Butter in der heißen Sonne.

Mit diesen Überlegungen zog ich mich also immer wieder zurück in meine Innenwelt und ließ mir die Lösungen dafür vorführen. Ich schaute aus der Position des Zuschauers auf mein eigenes Theaterstück und verfolgte interessiert, was sich auf meiner inneren Bühne so alles sehen lassen wollte. Der Traum wurde immer klarer und mein Plan immer deutlicher. Schließlich beschloss ich, den folgenden Tag anders zu beginnen als sonst. Ich konnte den ganzen Tag lang in einer leeren Praxis sitzen und darauf warten, dass irgendwann das Telefon klingelte. Ich konnte mich aber auch auf die Bühne meines eigenen Lebens stellen und einfach das machen, was mein Herz wollte – heilen!

Ich beschloss also, eine Woche lang das zu tun, was ein erfolgreicher Heiler eben tut. Er fährt morgens in seine Praxis und heilt. Seine Praxis ist voll, und er folgt einfach seiner Passion.

Und so machte ich mich eines Morgens auf, in die Klinik zu fahren. Da ich die Onkologie der Universitätsklinik Tübingen in- uns auswendig kannte, wusste ich genau, wo mein Arbeitsplatz für diese Woche war. Ich parkte mein Auto nicht auf den Besucherparkplätzen, sondern auf den speziell für Pflegepersonal und Ärzte ausgewiesenen Möglichkeiten. Wenn schon, dann richtig, dachte ich mir. Danach ging ich mit der Haltung eines passionierten Heilers und dem Selbstbewusstsein von jemandem, der den Mut hat, seiner Lebenspassion zu folgen, zu meinem Arbeitsplatz. Ich ging in die Etage, wo Menschen ambulant ihre Chemotherapie bekamen und darauf warteten, vom radiologischen Fachpersonal abgeholt zu werden, um sich der Strahlentherapie zu unterziehen. Dies schien mir ein geeigneter Platz für mich zu sein. Ich setzte mich also zwischen all die wartenden und verzweifelten Menschen und begann mit meiner Arbeit. Stundenlang verband ich mich immer wieder mit meiner inneren Heilungsquelle und gab den Menschen das, wovon ich in diesem Moment fühlte, dass sie es benötigten. Ich gab ihnen all die Aufmerksamkeit, die sie benötigten, die Wertschätzung, ich bewunderte sie und öffnete mein Herz. Ich berührte sie in ihren Herzen mit meiner Liebe und ließ die ganze Dankbarkeit für mein Leben zu ihnen hinfließen. Ich bat um Vergebung, ich verband mich mit meiner Kraft und übergab ihnen die gleiche Fähigkeit. Ich meditierte, ich beobachtete, ich unterstützte, und ich tat einfach das, was ein Heiler eben den ganzen Tag macht, wenn Menschen zu ihm in die Praxis kommen. Zum Mittagessen ging ich in die Cafeteria und setzte mich dorthin, wo Menschen mit weißer Kleidung saßen, und ich ging durch die Klinik, als ob ich dort zu Hause wäre. Verrückt? Vielleicht. Doch es funktionierte. Und das gab mir

Kraft, weiterzumachen. Ich tat dies beinahe zwei Wochen lang, solange ich Spaß und Freude daran hatte. In meinen Behandlungspausen schrieb ich mir eine Warteliste mit irgendwelchen Namen auf, die mir in den Sinn kamen, und darunter Dinge wie: »Unbedingt zurückrufen, wenn wieder neue Termine möglich sind.« Und was geschah? Das Telefon begann zu klingeln. Erst sporadsich und dann immer öfter. Mein Kalender wurde immer voller, und nach einigen Monaten war meine echte Praxis ausgebucht. Durch das So-tun-als-ob wurde ein Mechanismus in mir in Gang gesetzt, der dafür gesorgt hat, dass ich in mein Leben zog, was ich sowieso schon tat. Das ist echte Magie! Doch es ist keine Fantasie, sondern echt. Physiomagie ist nichts anderes, als deine Umgebung so zu behandeln, wie du sie behandeln würdest, wenn du wirklich diese Person wärst, die du in deiner Wunschrealität bist.

Ein Pilot lernt auch erst im Flugsimulator, alle möglichen Situationen zu durchleben und mögliche Szenarien zu meistern, bevor er diese im echten Praxisalltag erlebt. Schaffe dir also eine Simulation, und nimm dadurch die Schwingung und energetische Färbung dieser Realität an. Was dann passiert, ist phänomenal: Du beginnst ganz schnell, daran zu glauben, und lebst in deiner Scheinwelt. Immer schneller verändert sich die Außenwelt, und die Symbole und Simulationen werden durch echte Objekte und Situationen ersetzt.

Physiomagie anzuwenden, erfordert natürlich viel Fantasie und auch den Mut, diese in den Alltag zu übertragen. Achte auf dein Umfeld, du darfst dich dann nicht mehr mit Dingen und Orten umgeben, die nicht das Geringste mit deiner Vision zu tun haben. Du musst den Mut haben, deine Realität zu verändern, bevor dein Wunschtraum wahr geworden ist. Physiomagie erfordert den Mut, zu spielen und Freude zu haben, eine Realität jetzt zu genießen, anstatt darauf zu hoffen, dass sich später vielleicht mal irgendetwas davon in deinem Leben manifestiert.

Tue die Dinge, die die Person, die du sein möchtest, tun würde. Tue die Dinge nicht, die die Person, die du sein möchtest, nicht tun würde. Präsentiere das Wunschszenario wie auf einer Theaterbühne. Tu nicht so, als ob, sei es! Mache dir klar, dass du ohnehin immer schon auf einer Bühne stehst und die Dinge, die deinen Wunsch symbolisieren, nicht weniger echt sind als all die Dinge, die dich jetzt gerade umgeben.

Werde dir absolut klar darüber, was du willst und warum du es willst. Überlege auch, warum du die Umgebungen und Objekte, die du dir aussuchst, willst. Und wenn du dadurch feststellst, dass du eigentlich etwas anderes willst, dann agiere entsprechend. Diese Art und Weise zu leben, ist auch eine wunderbare Möglichkeit, herauszufinden, ob das, was du dir erträumst, wirklich zu dir passt. So kannst du ohne große finanzielle Investitionen herausfinden, ob dir das überhaupt Freude bereitet und deinen Wunsch eventuell fine-tunen.

Tue also, was nötig ist, um schon heute und diese Woche in deiner Wunschrealität zu leben: Male die Bilder dafür, oder miete die Objekte dafür, oder begib dich an den Ort dafür, oder stelle es pantomimisch dar. Willst du wissen, wie ich mein erstes Seminar gegeben habe? Ich habe einen Flyer gemacht und eine Teilnehmerliste, habe die Flyer verteilt und jeden Tag einen neuen Namen auf die Liste geschrieben. Am Seminartag bin ich dann zu diesem Raum gefahren. Dort standen zehn leere Stühle, und ich legte auf jeden Stuhl ein Blatt Papier mit dem Namen, der auf meiner Liste stand, sodass ich wusste, wer wo saß.

Es geht bei dieser Übung erst mal darum, dass dein Energiefeld sich daran gewöhnen kann, wie es sich anfühlt, in dieser Realität zu sein. Es ist also viel mehr, als sich diese Realität nur zu wünschen, denn du lebst sie und fühlst, wie es ist, in ihr zu sein.

Du möchtest ein international anerkannter Finanzexperte des neuen Geldbewusstseins sein? Dann begib dich doch öfter einmal nach Zürich oder Frankfurt zu den Finanzmärkten, und erfahre, wie es sich anfühlt, dort deine Fachartikel und Kolumnen zu schreiben, für die du beauftragt wurdest. Je schneller du weißt, wie sich das wirklich anfühlt, desto leichter wird es dir fallen, die Realität energetisch anzuziehen. Du kannst keine Realität manifestieren, die du nicht fühlen kannst, die du nicht wirklich kennst. Da du dich schon von vornherein an die Energie einer Umgebung gewöhnst, muss die echte Realität quasi nur noch in deine Welt hineinrutschen. Du hast dich so vertraut mit dieser Realität gemacht, dass es, wenn sie sich endlich manifestiert, nichts geben wird, was deinen Körper oder deinen Verstand schockiert oder überfordert. Du brauchst dich an nichts mehr zu gewöhnen, sondern kannst deinen Erfolg gleich genießen.

Das Erschaffen von etwas wird auf diese Weise eine Art energetische Eingewöhnung. Physiomagie funktioniert immer und sehr schnell. Je stärker du in das Szenario hineingehst und je gewohnter es für dich bereits ist, desto schneller manifestiert es sich.

Dabei ist ganz wichtig: Du täuschst nichts vor, belügst dich selbst nicht und auch nicht andere. Denn du tust nicht nur so, du bist es! Du trainierst die Energiefrequenz einer von dir und deinem Herzen gewählten Realität ein, du trainierst deinen Körper und deinen Geist darauf, diese Realität automatisch zu übernehmen.

Indem du also bewusst dein Lebensumfeld veränderst und dich nach deiner freien Wahl mit Personen und Realitäten umgibst, programmierst du deine Persönlichkeit neu. Du fütterst dadurch deinen Verstand, weil der andauernd nach Beweisen sucht und nur dann etwas glaubt, wenn er es sehen kann. Gib ihm also, was er braucht, gib ihm das reale physische Feedback. Wenn er den Heiler oder den Finanzexperten sehen möchte, zeige ihm diesen Heiler oder Finanzexperten. Lasse Verstand und Körper fühlen, wie es ist, Heiler oder Finanzexperte zu sein. Wenn du dem Verstand-Körper-System, das letztlich auch nur ein Energiesystem ist, nicht zeigst, wie es ist und wie es sich anfühlt, ein international anerkannter Finanzexperte oder Heiler zu sein, kann es die Persönlichkeit nicht dementsprechend neu konstruieren und dementsprechende Schwingungen aussenden. Alles, was du erleben möchtest, kannst du erleben, indem du dein Bewusstsein absichtlich den Dingen aussetzt, die mit dem Wunsch einhergehen. Du musst nicht im Wohnzimmer herumsitzen und darauf hoffen, dass sich deine Träume irgendwann verwirklichen. Du kannst ihnen heute schon ein großes Stück näherkommen, indem du sie in deiner Fantasie und in deiner Simulation vorlebst.

Je mehr Spaß und Freude du dabei hast, die Wunschrealität zu kopieren und das Bühnenbild zu kreieren, desto schneller und heller strahlt die Energie, die aus dieser feinstofflichen Realität eine grobstoffliche macht. Mache Physiomagie nicht zu einer Methode, die du anwenden musst, weil sie funktioniert. Wenn dir Physiomagie keinen Spaß macht, dann wende sie nicht an. Mache dir nichts vor, wenn du keine Freude daran hast, dann bringt das ganze Spiel nichts.

Darin unterscheiden sich echte Herzenswünsche von denen, die du nur erreichen möchtest, weil du glaubst, dass sie dir etwas bringen. Dein Verstand spielt dir einen Streich und lässt dich glauben, Heilerin, Heiler, Autorin, Autor oder Finanzexpertin, Finanzexperte sein zu müssen, weil es dir viel Geld, Ruhm oder Status bringt. Wenn das Feuer in dir nicht brennt, investiere keine Zeit mehr darauf, denn du wirst im Gefängnis deines Verstandes sitzen bleiben. Das Herz und die Liebe zu etwas sind der Schlüssel in die Freiheit. Nur mit ihnen entwickelst du echten Magnetismus für Geld, Ruhm, Status und Erfolg – doch wenn du dich befreit hast, brauchst du diese Dinge gar nicht mehr. Das ist dann das Zeichen, dass du es geschafft hast und im Paradies angelangt bist. Du bist dann an dem Ort, an dem du dein Sein voll ausleben kannst.

Der Trick mit dem Stempel »Bezahlt – Das Universum«

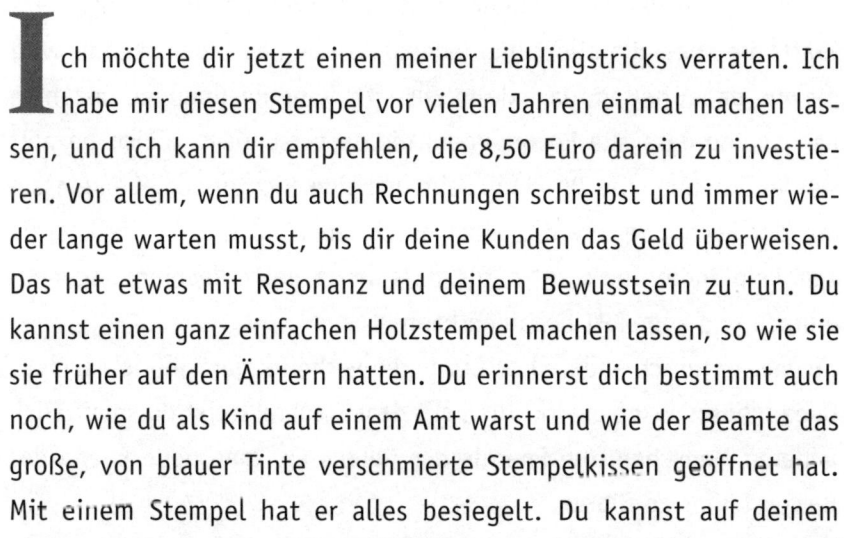

Ich möchte dir jetzt einen meiner Lieblingstricks verraten. Ich habe mir diesen Stempel vor vielen Jahren einmal machen lassen, und ich kann dir empfehlen, die 8,50 Euro darein zu investieren. Vor allem, wenn du auch Rechnungen schreibst und immer wieder lange warten musst, bis dir deine Kunden das Geld überweisen. Das hat etwas mit Resonanz und deinem Bewusstsein zu tun. Du kannst einen ganz einfachen Holzstempel machen lassen, so wie sie sie früher auf den Ämtern hatten. Du erinnerst dich bestimmt auch noch, wie du als Kind auf einem Amt warst und wie der Beamte das große, von blauer Tinte verschmierte Stempelkissen geöffnet hat. Mit einem Stempel hat er alles besiegelt. Du kannst auf deinem Stempel ein schönes Symbol für Reichtum und Wohlstand unterbringen und natürlich die Worte »Bezahlt – Das Universum«. Du kannst

BEZAHLT
Das Universum

diesen Stempel dazu verwenden, den Geldfluss auf deinem Konto aufrechtzuerhalten.

Wenn du deinen Stempel erhalten hast, nimm ihn in deine Hände, und schließe deine Augen. Nimm dann die Anziehungskraft wahr, die du in dir bereits erarbeitet hast. Verwende dazu noch einmal das Bild deiner Visualisierung (siehe Seite 40), und sieh, wie das Geld auf dich zuströmt. Du kannst den Stempel auch in deinen Händen halten und alle Transfirmationen sprechen, um das spirituelle Geldbewusstsein in ihn hineinfließen zu lassen. Das Universum ist zwar nichts anderes als die Spiegelung deines eigenen Geistes, aber doch vermittelt es das Gefühl von einer größeren Kraft, mit der du verbunden bist. Und diese höhere Macht, diese Kraft, die alles überblickt und jedes Detail deines Lebens kennt, wird dir nun dabei helfen, dass du in Zukunft deine Rechnungen bezahlen kannst und dass alle Rechnungen, die du versendest, gleich bezahlt werden können. Die Wirkung geht in beide Richtungen. Gemeinsam mit der Rechnung, die du selbst geschrieben hast, geht die Energie zum Empfänger und sorgt dafür, dass dieser deine Rechnung schnell, einfach und komplett bezahlen kann.

»Immer wenn ich anderen zu Gewinnen verhelfe, gewinne ich auch.« Genau dieses Prinzip wirkt hier. Mit dem Stempel hilfst du somit auch anderen Menschen, die Energie des Geldes auf eine neue Ebene des Bewusstseins zu führen.

Und dann wirkt die universelle Kraft natürlich auch auf dich selbst. Jede Rechnung, die du mit dem Stempel versiehst, wird in den Kreislauf der universellen Energie von Überfluss und Wohlstand gebracht, und es entsteht ein Sog, der dafür sorgt, dass du das Geld, das du benötigst, zur Verfügung hast.

Verwende diesen Stempel aber bitte niemals als »Kreditkarte«. Kaufe nicht ein in der Hoffnung, dass das Geld schon rechtzeitig kommen wird, um mithilfe des Stempels die Rechnung bezahlen zu können. Das Universum hat immer Guthaben und kennt keine Kredite. Sei immer im Guthaben!

Seit ich diesen Stempel verwende, gab es noch nie eine Situation, in der ich zu wenig hatte. Ich habe immer mehr Geld zur Verfügung, als ich im Moment brauche. Doch ich kenne auch das Gegenteil. Früher hatte ich immer zu wenig.

Sobald du dich mit dem Kreislauf des unbegrenzten Wohlstands und des universellen Überflusses verbindest, scheint es, als setze sich eine höhere Kraft in Bewegung, die in allen Bereichen deines Lebens zu wirken beginnt. Du bekommst immer bessere Angebote, du bekommst vieles viel günstiger als normal, du erhältst Rabatte, mit denen du nicht gerechnet hattest, du bekommst vieles geschenkt, du musst häufig weniger bezahlen und bekommst viel mehr dafür. Du wirst immer mehr das Gefühl haben »Ich habe immer genug«, und das Gefühl »Ich habe zu wenig« wird bald in deinem Leben nicht mehr existieren. Diese Kraft wirkt sich nicht nur auf deinen Geldbeutel aus. Deine Freundschaften werden ehrlicher und intensiver. Die Beziehungen zu deinen Kindern, deinen Eltern und deinen Geschäftspartnern werden klarer und von Frieden erfüllt. Deine Partnerschaft wird harmonischer.

Wenn du selbst nicht mehr im Mangel lebst, sondern das Gefühl und das Wissen entwickelst, dass du alles hast und vollständig bist, dann hast du auch keine Erwartungen an andere. Dann wirst du aus deiner Ganzheit heraus leben und nur Ganzes anziehen. Aus einem Mangelbewusstsein heraus ziehst du Mangelhaftes an.

Ich persönlich versende alle Produkte aus meinem Webshop auf Rechnung, auch an unbekannte Menschen in aller Welt. Ich vertraue darauf, dass ich fest im universellen Überfluss verankert bin und immer genug habe. Und genau so ist es auch.

»Es kommt immer mehr Geld herein als hinausgeht.«

Der 20-Sekunden-Wohlstandsblick

Was du anschaust, das schaut dich an. Das soll heißen, dass du mit dem, was du betrachtest, in eine Frequenz-Synchronizität trittst, also in eine gefühls- und schwingungsmäßige Übereinstimmung. Was du anschaust, wächst in deinem Leben. Also solltest du immer nur anschauen, was dir gefällt, damit dein Leben frei und leicht wird. Viele haben jedoch die Gewohnheit, das anzusehen, von dem sie behaupten, dass sie es nicht wollen. Was fasziniert dich im Fernsehen am meisten? Katastrophen und Unfälle? Wenn du das nicht willst, warum schaust du es dann an? Oft, wenn man mit jemandem über etwas Negatives spricht und dann das Thema wechselt, ist dieser sogar unzufrieden damit, weil er lieber »zu Ende« gesprochen, lieber weiterhin das Negative kreiert hätte.

Erinnerst du dich daran, wie du als Kind beispielsweise eine Hautirritation oder einen schmerzhaften Zahn hattest und immer wieder daran rumspieltest, obwohl damit aufzuhören Erleichterung gebracht hätte? Aber irgendwie hatte es seinen Reiz, weiter daran herumzuspielen. Stelle dir vor, du reibst deinen Daumen über Sandpapier. Das Gefühl ist anfänglich irgendwie angenehm, prickelnd und wohltuend. Also reibst du weiter und weiter, und irgendwann wird aus diesem angenehmen Gefühl ein Schmerz. Aber anstatt einfach aufzuhören, reibst du weiter und hast »den Absprung verpasst«, denn der Finger blutet schon. Aber du reibst weiter.

Genau so verhält es sich bei vielen Menschen mit der Aufmerksamkeit. Sie wollen etwas anderes kreieren, schauen aber trotzdem weiterhin das an, was sie nicht wollen. Es ist eine traurige Komödie, jemanden zu sehen, der genau weiß, was er will, aber seine Schwingung nicht in Übereinstimmung damit bringt, sondern sich mit dem Gegenteil synchronisiert. Wenn du weißt, was du willst, musst du dich auf dieselbe

Stufe wie das Gewollte begeben. Schaue es also so regelmäßig an, dass du damit vertraut wirst. Wenn du damit so vertraut wirst wie mit einem Liebespartner, dann ist es schon so gut wie manifestiert. Wie wäre es mit einem neuen Liebespartner »Geld«?

Der 20-Sekunden-Wohlstandsblick ist eine gute 100-Tage-Übung, die sehr leicht durchzuführen ist und sehr schnell Veränderungen in deinem Bewusstsein bewirkt. Sie besteht einfach nur darin, im Laufe der kommenden 3 Monate verschiedene Dinge 20 Sekunden lang anzuschauen. Schöne physische Dinge, ein beeindruckendes Gebäude, einen schönen Menschen, ein bezauberndes Bild, und schöne innere Dinge, beispielsweise angenehme Gedanken. Schaue dir auch Bereiche deines Körpers an, die dir ganz besonders gut gefallen. Warum 20 Sekunden? Weil diese Zeit genügt, um in Schwingungsresonanz mit der Sache zu kommen, und weil sie zu kurz ist, um große Zweifel aufkommen zu lassen.

Du wählst also ein Objekt, siehst 20 Sekunden hin, dann lässt du es los. Danach schaust du entweder etwas anderes für 20 Sekunden an, oder du machst eine Fokussierungspause und genießt den schon veränderten Zustand in deinem Bewusstsein. Schaue dir aber jeden Tag mindestens 10 schöne Dinge an. Wenn du diese Übung beginnst, während du dich in einem Stimmungstief befindest, kann es auch ein paar 20-Sekunden-Runden mehr brauchen, bis du eine höhere Schwingungsebene erreichst.

Während der nächsten 3 Monate wirst du nichts Negatives mehr suchen. Du wirst es, wenn überhaupt, nur dann betrachten, wenn es sich in dein Wahrnehmungsfeld zwingt. Denn das ist ein sicherer Indikator dafür, dass es Aufmerksamkeit möchte. Wenn etwas Negatives auftaucht, weil du es dauernd anschaust, ist das etwas anderes, als wenn es Aufmerksamkeit möchte, damit du es erlöst oder veränderst. Was du anschaust, das wächst. Das erklärt, warum Reiche immer reicher werden und warum die zweite Million so viel einfacher ist als die erste. Denn wer eine Million hat, ist umgeben von schönen Dingen und betrachtet automatisch, was ihm gefällt. Wer aber keine Millionen hat, der ist umgeben von Dingen, die ihm wahrscheinlich manchmal nicht so sehr gefallen, und glaubt sich gezwungen, diese die ganze Zeit anzuschauen. Aber es gibt in jeder Umgebung viel, meist ungesehene, Schönheit. Und wenn nicht, gibt es in der Fantasie Schönheit. Kreativität ist sehr wichtig, wenn es darum geht, auf die Suche nach Schönem zu gehen, das du gern anschauen möchtest.

Investiere in den kommenden 3 Monaten die Zeit, jeden Tag mindestens 10 Objekte 20 Sekunden lang anzuschauen – das sind gerade mal dreieinhalb Minuten am Tag, die sich direkt auszahlen. Beginne gleich jetzt damit! Habe viel Freude dabei!

Ich wünsche mir, dass sich in deinem Leben so viel verändert, wie es viele meiner Freunde gerade berichten. Es gibt viele Menschen, die bereits seit langer Zeit, vielen Jahren oder Jahrzehnten, an sich selbst und ihrer spirituellen Entwicklung arbeiten. Menschen, die seit der harmonischen Konvergenz im Jahre 1987 erkannt und gefühlt haben, dass sich das Bewusstsein der Menschheit jetzt verändert. Der eine begann früher, die andere später. Es ist an sich ganz egal, wie viel Zeit du schon in die Veränderung deines Lebens investiert hast. Jetzt ist die Zeit reif, die ganz große Ernte einzufahren!

Das Prinzip der Ganzheit –
Der Schlüssel zum Reichtum

Ich persönlich habe mir mit diesem Buch zum Ziel gesetzt, dir bewusst zu machen, wie du mit Geld, Wertschätzung, Reichtum und Wohlstand in der aktuellen Zeit umgehst. Nichts ist mehr wie noch vor ein paar Jahren, Monaten oder sogar Wochen. Der Prozess der ständigen Veränderung um die große Zeitenwende herum ist in vollem Gange, und nicht nur in der äußeren Welt verändern sich die Dinge rasend. Auch in der Spiritualität und dem neuen Bewusstseins gibt es immer mehr neue Erkenntnisse, und es scheint nun nach und nach alles immer mehr Sinn zu ergeben. Wenn ich mir die Botschaften ansehe, die mir die Meister der 12. Dimension noch vor ein paar Monaten durchgegeben haben, und die, die sie mir heute übermitteln, dann erkenne ich einen großen Unterschied. Es wird immer deutlicher, dass sich die höheren Energien aus anderen Dimensionen zunehmend zurückziehen wollen, um uns Menschen das Zepter zu übergeben. Nicht, dass sich dadurch die Qualität dessen verändern würde, was wir energetisch wahrnehmen und weitergeben können. Es verändert aber wohl das darin enthaltene Bewusstsein. Das, was ich bislang als gechannelte Botschaft bezeichnet habe, würde ich heute als Botschaft meines eigenen höchsten Bewusstseins bezeichnen. Die Qualität ist dieselbe, wenn nicht sogar noch größer, weil darin zusätzlich das Selbstbewusstsein eines authentischen und wahrhaftigen Menschen sitzt. Und genau dieses Prinzip möchte ich dir näherbringen.

Dir ist sicher längst klar, dass in dir dein wahrhaftiges Wesen darauf wartet, von dir selbst entdeckt zu werden. Ich wünsche mir, dass sich deine Inspiration und deine Kreativität noch mehr entwickeln, denn wir leben jetzt in der Zeit, diese Potenziale zur Entfaltung zu bringen. Dein wahrhaftiges Wesen drängt immer mehr an die Oberfläche und will jetzt von dir gesehen werden. Du hast die Türen und Tore zur Vergangenheit hinter dir geschlossen. Kannst du fühlen, dass sich dadurch ein neuer Raum für dich geöffnet hat? Ein Raum mit viel Platz für Neues.

Diese Freiheit ist nichts Neues. Sie ist die Pflanze, die aus dem Samen in dir gewachsen ist. Nun kannst du die Früchte dieser Pflanze ernten. Diese sind etwas ganz Wahrhaftiges, etwas von dir, was deine ganze Einzigartigkeit zum Vorschein bringt. Diese Einzigartigkeit wird dich zu etwas ganz Konkretem hinführen, zu einer Tätigkeit, einem neuen Job, einer ganz neuen Geschäftsidee oder zu viel mehr Kreativität in deiner momentanen Lebenssituation, und dir dadurch immer mehr zeigen, dass du wirklich in der Lage bist, zu fühlen, was gut und richtig für dich ist. Du wirst sehen, dass du Wohlstand erreichst, wenn du deinem Herzen folgst. Dies ist das Einzige, was du wirklich jetzt tun musst! Ich verwende das Wort »müssen« nicht oft, und es ist nie absolut zu verstehen. Doch wenn ich sage »du musst«, dann sage ich das aus dem Grund, dass mein höchstes Bewusstsein mir sagt, dass deine Pläne sonst schiefgehen werden in dieser Zeit. Es wäre kein Fehler, so weiterzumachen wie bisher, aber du würdest dich im Kreise drehen. Bedenke bitte die logische Regel:

Wenn du etwas anderes erleben möchtest, als das,
was du bisher erlebt hast, musst du etwas anderes tun.

Die Energiesuppe, in der wir schwimmen, gibt uns die allerbeste Basis dafür, etwas anderes zu tun als bislang. Alles, was dem alten Bewusstsein entspricht, kann nur mit großem Aufwand weiterexistieren. Alles, was dem neuen Bewusstsein entspricht, und das ist das Bewusstsein des Ganzseins, der Liebe, des Mitgefühls und des Herzens, geht leicht. Das ist der Superflow!

Du denkst vielleicht: »Ja, du hast recht, doch von diesem Gefühl der Liebe und des Mitgefühls in meinem Herzen kann ich meine Rechnungen nicht bezahlen.« Das stimmt. Doch wenn du dem Gefühl des Ganzseins in deinem Herzen Beständigkeit gibst, wenn du dir selbst zeigst, dass du wirklich bereit bist, diesem Gefühl des Ganzseins zu folgen, und keine halben Sachen machst, dann wirst du aus deinem vollen Vertrauen das Geld dazu bringen, dir zuzufließen. Natürlich gibt es in unserer dreidimensionalen Realität zwischen deiner Schöpfung und dem Zeitpunkt, an dem das Geld tatsächlich da sein wird, eine kleine zeitliche Verschiebung. Es ist jetzt vielleicht noch nicht in ganzem Umfang da, wie du es in deiner Fantasie siehst. Doch du wirst gemerkt haben, dass sich in deinem Leben immer mehr Chancen zeigen, diesen Wohlstand bereits zu erleben. Er zeigt sich nicht immer gleich in Form von Geld. Vielleicht bekommst du unerwartete Geschenke, gewinnst etwas Kleines, vielleicht ist ein anderer Mensch bereit, dir deine Schulden zu erlassen, oder ein lieber Mensch in deinem Umfeld, möglicherweise dein Partner, deine Partnerin, ist so verliebt in das Leben, dass es für ihn kein Problem darstellt, seinen ganzen Reichtum mit dir zu teilen. Mache dir klar: Dies ist deine Manifestation. Du hast das erschaffen. Lerne, alles anzunehmen, was das Leben dir anbietet. Wenn du es ausschlägst, dann unterbrichst du den natürlichen Superflow, in dem du dich bereits befindest. Du unterbrichst die Energie und kehrst sie wieder um. Bitte höre auf, dich abhängig zu fühlen, wenn dein Partner dir »sein« Geld anbietet. Dein stolzes Ego sagt: »Ich verdiene mein Geld selbst.« Aber dem Geld ist es völlig egal, woher es kommt und wie es zu dir strömt. Mache dir nicht so viele Gedanken über den Weg, den sich das universelle Prinzip von Wohlstand und Überfluss für dich überlegt.

Du solltest mittlerweile wissen, wie Geld reagiert, wie du mit solch empfindlichen Energien wie Bewusstsein umgehen musst. Geld ist nichts anderes als Bewusstsein. Es ist lediglich ein Ausdruck der menschlichen Psychologie, und das wird dieser Tage besonders an den Finanzmärkten sichtbar. Das alte Geldsystem wird sich möglicherweise nicht mehr lange aufrechterhalten können, weil es ausgedient hat. Weil so viele alte Muster und Erlebnisse damit verbunden werden, es so sehr in das System von Macht und Manipulation verstrickt ist, dass es nicht mehr in das neue Bewusstsein passt. Wann dieses alte System ausgedient hat, scheint nur eine Frage der Zeit zu sein. Was danach kommt, das wissen wir nicht, und es ist auch nicht sinnvoll, darüber zu spekulieren. Das Einzige, was du tun kannst, ist, dein Bewusstsein so zu entwickeln, dass du für etwas Neues bereit bist. Was es auch immer sein wird, wie es auch immer aussehen wird, ob wir eine Weltwährung einführen, ob wir alle Schulden erlassen bekommen, ob wir alle bei null anfangen – wenn du bereits begriffen hast, wie das Prinzip »die Energie folgt immer dem Bewusstsein« funktioniert und es wirklich lebst, dann wirst du von Anfang an als Gewinner dabei sein. Du gehörst jetzt zu den Pionieren, die ihre Ernte einfahren werden, sobald alles zurückgesetzt wird. Der Reset-Knopf wird sicherlich irgendwann gedrückt werden müssen, weil es keine anderen Lösungen mehr gibt. Alle Rettungsmaßnahmen sind nur Versuche, das Alte, was du bereits hinter dir gelassen hast, aufrechtzuerhalten. Du kannst niemals ganz sein, wenn du die Türen zur Vergangenheit nicht verschlossen hast. Und wenn du nicht davon ausgehst, dass du in vollkommener Verbindung mit dem höheren Bewusstsein stehst.

Du verlässt deine erlernte Rolle als Mensch, trittst in das Feld der neuen Ära nach 2012 ein und erntest etwas sehr Wertvolles: ein Leben in Wahrhaftigkeit, als dein wahres inneres Selbst, in dem dein Gehirn eine Spiegelung des großen weiten Universums ist, im All-eins-Sein verbunden.

Doch kommen wir in die Gegenwart zurück. Du musst erst dein Ganzsein spüren, bevor du den nächsten Schritt gehen kannst. Ich möchte dir dieses Prinzip gern verdeutlichen. Du hast die Vergangenheit bereits hinter dir gelassen, Ketten und Schlösser vor die Türen gehängt, und du wirst nie wieder dorthin zurückgehen müssen. Es ist wie ein Heilungs-Autopilot, den du damit geschaffen hast. Es heilt jetzt alles von selbst in der Vergangenheit. Deswegen müssen wir nicht mehr weiter zurück-gehen als bis zu dem Zeitpunkt, als dein Vater und deine Mutter dafür gesorgt haben, dass du in dieses Leben kommst. Ab sofort beschäftigst du dich nur noch mit diesem Leben und dem Hier und Jetzt.

Als dein Vater und deine Mutter dir das Leben geschenkt haben, in diesem einzigartigen Augenblick der Verschmelzung von Männlich und Weiblich, dem Zeitpunkt der Empfängnis, diesem Wunder, das in dem Moment geschieht, wo ein Ei befruchtet wird, warst du vollkommen

ganz. Stelle dir das bitte bildlich vor:

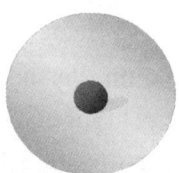

Dein Zellbewusstsein wurde an die Urmatrix des Lebens auf der Erde angeschlossen, und es war zu diesem Zeitpunkt alles im Überfluss vor-handen. Diese allererste Zelle, dieses ursprüngliche Bewusstsein der Vollkommenheit, ist in dir vorhanden. Du hast dieses erlebt und ge-speichert. Das Zellbewusstsein ist ein unglaublich intelligentes Sys-tem, das die meisten Menschen mit großer Macht und Kraft unterdrücken, weil wir seine Existenz nicht beweisen können. Allein die Tatsache, dass wir die Funktion nur weniger Prozent unserer menschlichen DNS wissenschaftlich erklären können, legt nahe, dass in ihr viel mehr als Erbinformation steckt.

Als 1987 viele Menschen sich auf den Weg der spirituellen Erkenntnis und des Erwachens machten, wurde ein großer, vollkommen neuer Raum für spirituelle Entwicklung in der Gesellschaft geöffnet, in dem sich viele neue Glaubenssysteme entwickelt haben. Diese waren auf einem spirituell höheren Bewusstseinsniveau angesiedelt als frühere und gaben Millionen von Menschen in unserer Welt Hoffnung, dass doch noch alles gut werden würde. Diese Zeit der wunderbaren Entdeckungen, in der der Glaube an Engel und aufgestiegene Meister gesellschaftsfähig wurde, hat aber auch zu etwas Negativem geführt: Wir haben das Leben unbewusst immer mehr in höheren Sphären gesucht. Wir haben das Abenteuer von außerkörperlichen Erfahrungen genossen, und nun sehnen wir uns so sehr zu diesem Zu-Hause-Sein in der Liebe des Göttlichen zurück, können es jedoch niemals dauerhaft in unserem Alltag erleben. Mit ihrer Intelligenz haben die Menschen dann neue Methoden erschaffen, die Kraft des göttlichen Bewusstseins aus dem Himmel zu holen. Wir haben Möglichkeiten entdeckt, uns mit der großen Kraft anderer Dimensionen zu verbinden und sind in eine Art spirituelle Abhängigkeit geraten. Es war beinahe so, als ob sich viele neue Religionen gegründet haben, denen Menschen willig gefolgt sind. Doch wir haben das Ganzsein wieder nicht in uns selbst gefunden, sondern es kam wieder von außen.

In diesem Buch hast du gelernt, mit den Meistern der 12. Dimension und ihrer Matrix in Verbindung zu kommen, du hast von der kristallinen Struktur erfahren und das kristalline Bewusstsein der 12. Dimension erlebt. Und dies war wichtig und gut. Es war überhaupt nichts falsch, was du in den letzten Jahren, Monaten und Wochen gelernt und erfahren hast. Doch in der jetzigen Zeit verändern sich die Dinge täglich. Entwicklungen gehen viel schneller vor sich. Es gibt heute sehr schnell erwachende Menschen, die ich auch gern die »spirituellen Durchstarter« nenne. Vielleicht gehörst du zu dieser Gruppe, die noch vor kurzer Zeit nichts von der spirituellen Welt wussten. Doch vielleicht gehörst du auch zu den Menschen, die bereits seit beinahe 25 Jahren bewusst und intensiv an sich arbeiten und im spirituellen Bewusstsein auf ihre Art und Weise gewachsen sind. Beides ist gut. Doch nun beginnt eine neue Zeit! Wir sind mitten im Übergang hinein in die neue Ära. Im Bewusstsein der neuen Zeit.

Und das Bewusstsein dieser Zeit fordert dich auf, in deine Ganzheit einzutauchen. So wie im Moment deiner Empfängnis: Du warst ganz, und deine erste Zelle trug alle Informationen der Ganzheit. Im Laufe der Entwicklung im Bauch deiner Mutter kamen dann die ersten emotionalen Eindrücke, die dafür sorgten, dass du nicht mehr ganz warst. Du hast alle möglichen emotionalen Muster deiner Mutter und deines Vaters kopiert, und es entstand ein neues Glaubenskonzept in dir über dich selbst. Bereits hier können Muster wie »Ich bin es nicht wert« oder »Ich bin nicht gut genug« entstanden sein. Dies ging nach deiner Geburt immer weiter, und als kleines Kind warst du bereits vollkommen beladen mit all diesem Ballast. Das gehört zur Entwicklung des Lebens, es war nicht falsch. Aber du warst plötzlich nicht mehr ganz, sondern hast zunehmend deine Ganzheit im Außen gesucht. Als du dein Ego entwickelt hast, entstanden die ersten emotionalen Abhängigkeiten von der Mutter. Du hast gelernt, dass andere dich glücklich machen können, du hast gelernt, dass viel Geld glücklich macht, und du bist in viele der Abhängigkeiten verfallen, die das Leben dir angeboten hat.*

Du hast also einen Teil deiner Ganzheit verloren, den du von außen ersetzen wolltest, weil du ihn nicht mehr in dir selbst gefunden hast. Wenn du dir das wie ein fehlendes Tortenstück vorstellst, dann ergibt sich dieses Bild:

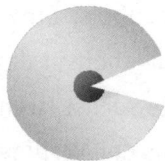

Sagen wir, du bist ein Käsekuchen. Dein Partner, deine Partnerin, das Geld, die Engel, deine Meditation oder irgendetwas anderes, was du ausgewählt hast, um dich ganz, glücklich und vollkommen fühlen zu können, ist aber eine Schokoladentorte. Und obwohl beides lecker ist, macht das Stück Schokoladentorte den Käsekuchen nicht ganz. Es sieht auf den ersten Blick vielleicht so aus, doch es kann niemals funktionieren.

---

* In meinem Buch *Mit dem reinen Gefühl unendliche Möglichkeiten entdecken – Der Transformationsprozess in die kristalline Matrix* habe ich eine sehr umfangreiche und intensive Übung veröffentlicht, mit der du an deinen Grundbedürfnissen arbeiten kannst, um diesen Teil in dir zu heilen.

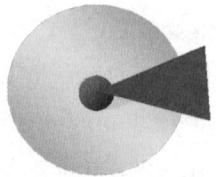

Immer wenn du versuchst, deine eigene Ganzheit mit etwas aufzufüllen, was nicht dir entspringt, lebst du in einer Illusion. Stelle es dir noch einmal am Beispiel der ganzen Zelle vor. Von dieser Zelle fehlt ein Teil, du willst ihn mit einem Teil einer anderen Zelle auffüllen, die nicht von deiner DNS stammt. Die Zelle sieht natürlich auf den ersten Blick ganz aus. Doch im Fluss des Lebens kommst du dann irgendwann wieder an eine Grenze, denn das Stück mit der anderen DNS kann sich niemals in deine DNS integrieren. Du stößt also immer wieder auf deine eigene Unvollkommenheit. Du kannst niemals vollkommen sein, wenn du deine Vollkommenheit in deinem Partner suchst, wenn du dein Glück in deiner Familie suchst, wenn du der Illusion verfallen bist, dass irgendein Meister aus der 12. Dimension dich berührt und du dich dadurch zu Hause fühlen kannst.

Da Einzige, was dieser Meister macht, was ein roter Kristall dir geben kann, ist, die Bewusstheit des Ganzseins zu vermitteln. Doch woher kommt dieses Gefühl? Aus dem Kristall? Aus dem Meister? Nein, es kommt aus dir selbst! Wenn du es genau betrachtest, dann bist du dieser Meister, dann bist du dieser Kristall. Dann ist das, was du in deinem Partner, deiner Partnerin siehst, was dir an ihm, an ihr gefällt und wovon du glaubst, dass es dich ganz macht, nur eine Spiegelung deines Selbst. Alles, was dich ganz macht, ist ein Teil von dir. Mache dir das bewusst. Verstehe, dass du keinen Bergkristall brauchst, um deine Wohnung zu klären, habe ihn einfach, weil er schön ist. Lerne, dass kein Engel dir ein Gefühl geben kann, das du nicht bereits in dir trägst. Begreife, was es bedeutet, wieder ganz zu sein und darauf zu vertrauen, dass alles da ist, was du brauchst. Es ist alles in dir. Lasse die 12. Dimension in deinem Inneren entstehen, und erlaube deinen Zellen, sich wieder an ihre Ganzheit zu erinnern. Die kristalline Struktur, die in deinem Inneren ist, ermöglicht es dir, dich mit der Urmatrix zu verbinden. Die Zahlenmatrix 0 3 1 3 1 3 2 9 4 6 0 3 erinnert dein Gehirn daran, sich auf die intelligente Matrix einzuschwingen.

Gechannelte Antworten auf aktuelle Fragen rund ums Geld

Kurz bevor dieses Buch veröffentlicht werden sollte, »klopften« die Meister der 12. Dimension an meine Türe und baten mich, ein paar Menschen zu fragen, was sie gerade in Bezug auf das Thema Geld, Finanzen und Wohlstand beschäftigt. Du wirst also im nun folgenden Teil des Buches Fragen und Antworten aus der 12. Dimension lesen, die also aus unserem, meinem und deinem höchsten spirituellen Geldbewusstsein gekommen sind. Ich fragte mich schon manchmal, wie sich die Antworten, die ich geben würde, von denen, die ich als Channelmedium von den Meisterinnen und Meistern der 12. Dimension erhalte, wohl unterscheiden würden. Ich weiß es nicht, denn möglicherweise sind wir an dem Punkt angelangt, an dem sich auch gechanneltes Wissen nicht mehr von der höheren Weisheit der Menschen unterscheidet. Ganz ist ganz, Channel oder nicht, Verstand oder Herz – alles ist eins!

Doch du wirst es beim Lesen der Antworten spüren und hast es vielleicht auch schon früher im Buch bei manchen Passagen gespürt, dass sich die Energie verändert und es sich anfühlt, als sei eine höhere Intelligenz anwesend. Es geht hier deshalb auch nicht nur um die Worte, die du liest, es geht auch um den energetischen Gehalt des Textes. Mit jedem Wort, das du hier liest, verbindest du dich mit dem Quantenfeld der Ganzheit und der Quelle der 12. Dimension. Dein Gehirn spiegelt mit seinem neurobiologischen System die Energie der Worte in dein eigenes Inneres, und du überträgst dadurch die Energie aus der 12. Dimension in unsere Erdendimension. Bist du bereit dafür?

Frage: Ich liebe es, den Menschen Liebe und Frieden zu bringen. Reicht das aus, um zu existieren? Ich wünsche mir, nie wieder einen Gedanken an Geld verschwenden zu müssen. Wann bricht dieses goldene Zeitalter an? Wie viele Menschen müssen wir noch erreichen, damit die Wandlung sich vollziehen kann? Denn sie vollzieht sich ja von der Basis her. Es muss doch jedes Bewusstsein jedes einzelnen Menschen transformiert werden? Was kann ich tun, um mitzuhelfen?

Antwort: Wenn wir uns das Bewusstsein der Menschen auf eurer Erde momentan ansehen, dann ist die Tendenz gut. Wenn wir uns das Bewusstsein der Erde und ihrer Seele ansehen, dann habt ihr nichts zu befürchten. Wir wissen, dass es für euch von Belang ist, eine Einschätzung zu bekommen, und wenn wir das Ganze betrachten, dann sehen wir, dass momentan bereits rund 27 % sich so entwickelt haben, dass sie von ihrem höchsten Bewusstsein wissen. Viele wehren sich noch. Bei ihnen ist der Funken bereits übergesprungen, doch sie können noch nichts damit anfangen. Und diese Gruppe, das sind nochmals 13 %. Und auf genau diese 13 kommt es an. Nennen wir sie die Ungläubigen, diejenigen, die den Duft des Lebens in Freiheit zwar schon riechen können, ihn jedoch gern ignorieren, weil sie noch nicht wagemutig genug sind, Ja zu sich selbst zu sagen. Doch auch dieser Zeitpunkt ist nahe, und es werden jeden Tag immer mehr Bewusstseine erwachen. Der Prozess ist nicht aufzuhalten, weil du ihnen deinen Frieden und deine Liebe bringst.

Glaubst du, dass ein goldenes Zeitalter gleichzusetzen ist mit einem Zeitalter ohne Geld? Das würde bedeuten, du würdest dich einem Zeitalter entgegensehnen, das ohne Energie und Bewusstsein ist. Das würde bedeuten, du würdest ein Zeitalter ohne Wertschätzung kreieren wollen? Fühle da noch einmal in dein Herz, und erlaube, dass sich dieses Bewusstsein noch anpasst. Doch sei dir sicher, dass sich Geld, so wie es heute von euch Menschen verwendet wird, in einem anderen Bewusstsein auch vollkommen anders anfühlen wird. Du wirst es lieben, damit zu spielen!

Frage: Obwohl ich um die Kraft meiner Gedanken weiß, ist es schwer, nicht wieder in ein Mangeldenken zu geraten, wenn unerwartete, plötzliche und dringende Zahlungen (z. B. für Reparaturen oder Tierarztkosten) fällig sind. Wie kann ich es schaffen, in solchen Situationen ruhig und fokussiert zu bleiben und darauf zu vertrauen, dass der Geldfluss zu mir hin gleich beginnt? Wie kann ich dann die Manifestation unterstützen?

Antwort: Werde dir bitte bewusst, dass diese unerwarteten Zahlungen nicht einfach so auftauchen. Wenn wir dein Energiefeld betrachten, dann sehen wir, dass es voll ist von Dingen, die nicht zu dir gehören. Sie sind wie Parasiten, die deinem Energiefeld anhaften. Doch du bist dir dieser Dinge nicht bewusst und kannst dich daher auch nicht von ihnen befreien. Wir geben dir, geliebter Mensch, der du dies jetzt gerade liest, eine Waschung. Wir ergießen ein Fluid über dich und lassen es in diesem Moment deine Energiestruktur reinwaschen. Wir wissen, dass du dies jetzt wahrnehmen kannst, und wir wollen dich bitten, es nicht zu hinterfragen. Dein Verstand würde nicht die passende Erklärung finden, doch dein Vertrauen in dich und in deine neue Klarheit werden dir genau das Bewusstsein geben, das du brauchst, um auf den Geldfluss vertrauen zu können. Auch wenn es momentan noch etwas Ungewohntes für dich ist, wird dich diese Waschung in ungewohnte Klarheit führen. Öffne dich für die Veränderung, denn du brauchst die Dinge der anderen jetzt nicht mehr. Sei frei!

Frage: Seit vielen Jahren besuche ich Seminare, mache Schulungen und arbeite an mir selbst, habe selber eine Homepage gemacht und Flyer verteilt. Oft frage ich mich, wieso die Menschen nicht zu mir finden. Mache ich etwas falsch? Oder soll ich meinen Wunsch einfach ganz loslassen, weil es gar nicht für mich bestimmt ist, Menschen in ihrem Leben zu unterstützen und sie zu begleiten?

Antwort: Was fühlst du in dem Moment in deinem Herzen, wenn du an diese Arbeit denkst, der du gerade nachgehst? Wird dein Herz schwerer oder leichter? Fühlst du dich beladen, lethargisch und schwer oder erleichtert und erfüllt? Wohin fließt die Energie? Dieses Empfinden über deine momentane Arbeitssituation gibt dir einen genauen Hinweis darauf, ob in deinem Projekt Energie und Bewusstsein enthalten sind oder nicht. Und dann, geliebter Mensch, mache dir bitte noch einmal bewusst: In der neuen Bewusstheit dieses Zeitalters gibt es kein »Es ist für mich bestimmt« oder »Es muss so sein« mehr. Begreife das bitte! Im goldenen Zeitalter bist du frei! Ob du also etwas machst oder nicht, entscheidest nur du. Bereitet es dir Freude? Bist du enthusiastisch darüber und glänzen deine Augen, wenn du anderen davon erzählst? Scheint dein Herz nahezu aus deinem Körper zu hüpfen? Ist deine Sehnsucht so groß, dass du es nicht erwarten kannst, bald wieder deiner Arbeit nachzugehen? All das sind sichere Indikatoren dafür, dass du die richtige Entscheidung getroffen hast. Ja, Entscheidung! Das ist es, wozu du nun aufgefordert bist: Entscheidungen zu treffen und Managerin, Manager deines Lebens zu sein. Verinnerliche das! Dein einzigartiges Herz, deine einzigartige Liebe, dein Bewusstsein und dein höchstes Bewusstsein sind dann bei dir, wenn du es genau so fühlen kannst. Mache deine Augen auf, öffne dein Herz, und sieh, was dein Leben dir anbietet. Da ist viel, was dich berührt und womit du berührst. Du bist auf dem richtigen Weg, doch schaue genau hin!

Frage: Was immer ich unternehme, gibt mir das Gefühl, nicht durch den Flaschenhals zu kommen. Es fühlt sich wie auf einer Abschussrampe an, doch der Startschuss fällt nicht. Irgendwie erlaube ich mir nicht, meine wirkliche Kraft zu entfalten. Könnt ihr mir helfen?

Antwort: Der Startschuss wird niemals fallen. Denn wer soll ihn dir geben, außer du selbst? Du wirst den Startschuss hören, wann immer du es wählst. Du stehst immer noch da und wartest darauf, loslaufen zu können. Doch was ist, wenn das Laufen gar nicht deine Disziplin ist? Stehst du am richtigen Startpunkt? Wäre es für dich vielleicht besser, zu fliegen, statt zu laufen? Oder zu kriechen? Oder dich zu schlängeln? Warum sprechen wir in diesen Bildern zu dir? Du hast es längst verstanden. Du weißt, dass du viel zu sehr auf etwas fokussiert warst, was nicht deines ist. Lasse dich von dort wegtreiben, wo du jetzt stehst, und du wirst erleben, wie sich die Tore öffnen. Du wirst von der Großartigkeit dieses Moments überwältigt sein und weißt dann, dass der Flaschenhals gesprengt wurde und du mehr als nur eine Möglichkeit hast, voranzukommen. Mache dich also auf, und finde diesen Moment!

Frage: Wenn ich mir noch so sehr etwas wünsche und alles beherzige, was dazu gehört, damit sich dieser Wunsch erfüllt oder das Geld fließen kann, es aber nicht zu meinem höchsten Wohle ist, erfüllt sich dann dieser Wunsch überhaupt?

Antwort: Hier müssen wir differenzieren. Was du mit deinem höchsten Wohle meinst, ist der Bezug auf einen Lebensplan. Mit dem bewussten Eintreten in die neue Zeit wirst du in deiner Managerposition jedoch erleben, dass es diesen Plan gab und du ihm mehr oder weniger bis jetzt gefolgt bist. Nun ist jedoch die Zeit gekommen, in der du selbst deine Geschichte weiterschreibst. Das, was du bisher dein höchstes Wohl genannt hast, verändert sich nun zu deiner wahrhaftigen Wahl als Meisterin. Eine wahre Meisterin wählt immer in Verbindung mit ihrer göttlichen Weisheit und aus dem tiefsten Herzen. Jede dieser Entscheidungen ist also zu deinem höchsten Wohle, und somit wird sich auch jeder deiner Wünsche für dich erfüllen. Nimm die Veränderungen in deinem Bewusstsein wahr, die sich jetzt bald für dich eröffnen werden. Du wirst dann sehen, wie du dich in einem stetigen Wandel deiner Wünsche fortentwickelst. Werde in deinem ganzen Sein noch flexibler, und sei dir ganz sicher, dass das, was deinem Herzen die höchsten Sprünge erlaubt, dich immer zum Ergebnis des größten Wohlstandes führen wird.

Frage: Wie kann in unserer Gesellschaft zukünftig ein Ausgleich stattfinden, wenn ich beispielsweise eine Leistung beziehe. Wer legt die Höhe fest, was wie viel wert ist? Angenommen, eine Leistung oder ein Produkt kostet heute 50 €, wie wird sich das verändern?

Antwort: Eine neue Wertschätzung und eine Verschiebung von Wertvorstellung wird schon bald zunehmend zu beobachten sein. Sie wird viel ehrlicher sein und vor allem individueller. Einzelne Gruppierungen werden schon bald damit beginnen, den Empfängern freizustellen, was sie für eine bezogene Leistung geben möchten. Wertausgleich wird viel mehr auf der Ebene des Herzens stattfinden, sobald immer mehr Menschen die Ebene des alten Bewusstseins verlassen. Wertschätzung ist momentan wie eine Blase, die sehr viel Unbekanntes und Luft enthält und nichts mit dem wahren Wert von etwas zu tun hat. Du selbst wirst beobachten können, dass, wenn du dein Wertbewusstsein auf ein anderes Niveau gebracht hast, du mehr für eine Leistung bekommen wirst als eine andere Person, obwohl du das »Gleiche« gibst.

Frage: Ich beziehe Hartz IV, und es geht alles den Bach runter. Ich habe Ärger mit dem Arbeitsamt, bekomme nicht alle Gelder, die mir zustehen. Ich arbeite mit einem Rechtsanwalt, doch der ist nicht gut für dieses Thema, obwohl es sein Schwerpunkt ist. Ich weiß, dass ich nicht lüge und betrüge, dass ich recht habe, aber das Arbeitsamt erfindet immer irgendwelche Lügengeschichten, die ich bisher noch widerlegen kann. Ich staune, was dieses Arbeitsamt für Erfindungen in meine Akte schreibt. Ich habe keine Ahnung, wie ich das widerlegen kann. Gehört dieser ganze Ärger zur Bereinigung meines spirituellen Geldbewusstseins? In diesem Leben habe ich nie betrogen ... außer ab und zu meine Briefe mit den Briefmarken meines Chefs beklebt. Es waren nur einige Liebesbriefe, und ich dachte mir damals, da ich im Monat zwölf Stunden unbezahlt arbeite, wäre das in Ordnung. Gutes Geld für gute Arbeit. Nun, seit ich spirituell erwacht bin, nehme ich nichts mehr.

Antwort: Danke für deine Ehrlichkeit, Betrügerin! Wenn wir dich so nennen, dann nur deswegen, weil du dich selbst so fühlst. Wir nehmen das wahr, und viele andere nehmen das auch wahr. Auf ganz subtile Weise sendest du das aus. Doch du willst diese Betrügerin nicht sein, oder? Du lehnst diesen Teil so sehr ab, weil du in diesem alten Konzept lebtest und es heute nicht mehr sein möchtest. Du trennst also einen Teil von dir ab, du willst diese Betrügerin ausgrenzen, obwohl du das bist. Kann das auf diese Weise funktionieren? Kannst du diese Betrügerenergie wegdrücken? Ja, kannst du. Du kannst das sehr gut, und darin sind viele von euch meisterhaft. Doch das Auf-die-Seite-Schieben bringt dir keine echte Erleichterung. Es ist nicht mehr sichtbar, und doch wirkt es auf ganz subtile Weise weiter in deinem Energiefeld. In dem Moment, in dem du die Verantwortung für alles an dir übernimmst, kann sich alles verändern. Der einzige Weg, einen Teil von dir zu transformieren, ist, ihn zuerst anzuerkennen. Dein Mantra sollte also nicht mehr lauten »Ich bin keine Betrügerin«, sondern »Ich bin eine Betrügerin«! Ja, wenn du alles sein darfst, holst du die Macht wieder zu dir zurück. Dann kannst du alles erlösen. Was bist du also alles? Betrügerin, Versagerin, ein Nichts? Was spiegelt dir dein Leben? Erlaube dir, das alles zu sein – und dann löst es sich von allein auf und verwandelt sich in reines Bewusstsein.

Frage: Ich erlebe gerade, dass ich schon wieder mein Zuhause verlassen muss. Und schon wieder »richten« es die anderen, und ich kann nichts dafür. Mein Bruder verkauft sein Haus, auf dessen Grundstück auch mein Haus steht. Ich habe mein ganzes Vermögen darein investiert, um im Alter mietfrei zu wohnen. Wenn er nicht mehr da ist, wird es auf meinem kleinen Grundstück eng. Zu eng zum Leben, also werden wir meins auch verkaufen. Es gefällt mir hier gar nicht, das ist die eine Seite, die andere Seite wäre eben ein kostenfreies Leben im Alter. Werde ich von irgendwelchen Mächten angetrieben, dahin zu gehen, wo es mir gefallen wird?

Antwort: Die einzige Macht, die dich antreibt, bist du selbst. Wir sagen es noch einmal: Die Energiesuppe, in der ihr Menschen euch gerade befindet, die Bewussten und die Unbewussten, fordert eine Transformation. Das Liebesbewusstsein der neuen Zeit fordert von euch, aus vollem liebenden und freudeerfülltem Herzen zu leben. Du hast dir deine Frage selbst beantwortet. Dir gefällt es da nicht mehr, dir ist es zu klein, du hast keine echte Freude daran, da zu sein. Da spricht dein Herz. Der Glaube, dass du an einem neuen Ort nicht kostenfrei leben kannst, entspringt deinem alten Bewusstsein. Beobachte den Spagat, den du machst: mit einem Fuß im neuen und mit dem anderen im alten Bewusstsein. Das zerreißt dich! Bitte entscheide dich. Bitte fühle in dein Herz, und lasse dich führen. Bitte dein höchstes Bewusstsein, dir diesen für dich liebevollsten Ort zu zeigen, und lasse dich von deinem Herzen dahin führen. Das Leben gibt dir bereits die Antworten auf alle Fragen. Es gibt einen Ort, der dir mehr entspricht als dieser, an dem du dich gerade befindest. Dort wirst du aufblühen!

Frage: Ich bin selbstständig, finde aber meinen persönlichen Weg nicht. Eine große Blockade, die ich in mir spüre, bremst mich bei allem, was ich in Angriff nehmen möchte. Gleichzeitig bröckelt meine Festung. Ich bekomme eine Wohnungskündigung, und meine beste Kundin springt ab. Man sagt, alles zu seiner Zeit. Mittlerweile übe ich mich schon seit 11 Jahren in Geduld. Das absolut Erschreckende bei einem Rückblick ist für mich, dass alle einstmals erfolgreichen Firmen, in denen ich bisher gearbeitet habe, ins wirtschaftliche Aus gerutscht sind. Nur ein Unternehmen krebst noch herum. Meine eigenen Projekte habe ich immer nur halbherzig betrieben, weil ich bis heute meine wahre Berufung nicht gefunden habe.

Antwort: Bitte atme. Atme tief, und atme das Leben in seiner ganzen Mannigfaltigkeit ein. Und wenn du dir dann vor Augen führst, wie viele Millionen von Möglichkeiten für dich und für alle anderen Menschen bestehen, euren Weg zu gehen, könnte dir ein wenig schwindelig werden angesichts der Vielzahl von sichtbaren und unsichtbaren Chancen, die auf deinem Weg liegen und die alle im Rahmen des Lebensweges für dich möglich sind. Verstehst du, dass es nicht nur einen möglichen Weg gibt? Verstehst du, dass es hundert Millionen von Möglichkeiten für dich gibt, die du dir erschaffen kannst? Die allerbeste wählst du dann – am besten immer die Möglichkeit, die am meisten Energie für dich bereithält, die also am meisten Enthusiasmus und Freude oder die höchste Liebesschwingung enthält. Warum bist du so unsicher, wenn du heute dorthin springst und morgen dorthin? Warum drehst du dich nicht einfach in der Evolution deines Lebens mit und lässt erst das eine gedeihen und dann das andere? Das hat nichts mit einem fehlendem Maß an Geduld zu tun. Hier nicht. Ungeduldig bist du nur, wenn du glaubst, dass du einmal angekommen sein musst. Das Angekommensein ergibt sich nicht daraus, eine einzige Arbeit über einen langen Zeitraum stetig auszuüben. Ankommen wirst du, wenn du deinen Frieden mit deiner Begabung der Sprunghaftigkeit gemacht hast. Sie führt dich, sie motiviert dich, und sie bewegt dich. Lasse dir von deinem Leben weiter zeigen, wo der Pfad deiner Evolution ist, und entscheide immer wie eine Meisterin, ein Meister: aus deinem Herzen heraus.

Frage: Mich würde interessieren, wie ich noch bestehende Kargheits- und Armutsgelübde lösen könnte. Zudem spüre ich, dass ich noch ein Muster in mir trage, das besagt, dass man Spiritualität und Geld nicht vereinbaren könne. Also, die Angst, dass ich, wenn ich jetzt Geld hätte, nicht mehr spirituell wäre. Was kann ich tun?

Antwort: Das ganze spirituelle Geldbewusstsein, so wie es unser Channel in diesem Buch beschrieben hat, führt dich aus dem energetischen Feld deiner Gelübde. Wie wir sehen, hast du bereits deine Entscheidung getroffen, und du hast deine Zustimmung gegeben, aus dem alten Bewusstseinsfeld in das neue hineinzugehen. Was wir auch sehen, ist, dass du momentan noch eine Art Luftblase in dir trägst, die gefüllt ist mit den energetischen Spuren, die die Bekenntnisse zum Mangelbewusstsein und der Glaube an deine karmische Vergangenheit hinterlassen haben. Wir sehen, dass in dieser violetten Luftblase alles angesammelt ist, was du loswerden möchtest. Vertraue auf deine höchste Intelligenz, denn es ist alles vereint und wartet nur noch darauf, jetzt ausgetauscht zu werden. Neben dieser Luftblase schwebt nämlich noch eine zweite. Wenn du dir diese in der Farbe Rot vorstellen möchtest, dann trifft es das am besten. In dieser roten Luftblase, die eine Größe von 50 oder 70 cm hat und bereits fest in dir angelegt ist, befinden sich alle Informationen über das spirituelle Geldbewusstsein und der neue, tiefe Glaube, dass du eine wertvolle Person bist, die es verdient hat, gleichzeitig aus der höchsten Spiritualität und einem liebevollen Herzen zu leben und Erfolg, Luxus, Reichtum, Wohlstand und Überfluss zu erleben. Es haben sich bereits alle Zaungäste versammelt, die beim Austausch dieser beiden Luftblasen bei dir sein wollen, um Zeugen dieses besonderen Ereignisses zu werden. Überall sind die verspielten und liebevollen Engel, deine Guides stehen parat und warten geduldig, wir, die Meister der 12. Dimension, die du gerufen hast, wir alle sind Zeugen und warten. Glaube uns, wir sind geduldig. Es liegt an dir. Du hast die Verantwortung übernommen, und du musst jetzt deine eigene Managerin sein. Deine Lösung wartet nur darauf, dass du die Türen und Tore öffnest, um die violette Luftblase mit allem, was sich darin versammelt hat, wegziehen zu lassen und die rote Luftblase mit allem, was sie enthält, öffnest und sich in dich entleeren lässt. Gib dir in deiner dreidimensionalen Wahrnehmung etwas Zeit, doch sei dir als multidimensionales Wesen bewusst, dass dann bereits alles erledigt ist. Mehr ist nicht mehr zu tun für deine Heilung. Die notwendigen Veränderungen in deinem Alltag wird dir dein bester Freund, Lehrer und Coach zeigen: dein Leben.

Frage: Spielt es eine Rolle, wenn ich einen massiven Widerstand gegen Begriffe habe, mit denen gearbeitet wird? Ich habe ein Problem mit dem Wort »Überfluss«, weil überflüssig = umsonst = wird nicht gebraucht = nicht notwendig = negativ = sinnlos usw.

Antwort: Ja, es spielt eine Rolle. Der Teil von dir, aus dem diese Strategie stammt, die übrigens sehr einseitig ist, möchte und wird sich durchsetzen. Deswegen spielt es sehr wohl eine wichtige Rolle für dich, solltest du wirklich Wohlstand erleben wollen, dieses Konzept in deinem Gehirn umzuformen. Wie wäre es mit einer neuen Strategie? Wie wäre es mit Überfluss = Es fließt über. = Eine Quelle ist in dir, die niemals versiegt. = Es strömt unaufhörlich weiter? Welche Entscheidung triffst du als Manager?

Frage: Ich habe immer nur kurzfristig und teilweise Erfolg. Ganz egal, was ich auch anfange, beruflich oder privat. Es geht gut los, und ich denke, oh, super, nun kommt Geld ins Haus, und dann stoppt es. Und ich frage mich, woran das liegen kann. Das Geld ist bei mir irgendwie behaftet, es fließt nie kontinuierlich, ich hatte auch immer nur Freunde und Anerkennung in der Familie, wenn ich Geld hatte und vor allem jedem gegeben habe. Manchmal glaube ich, dass ich Angst habe, zu Geld zu kommen, weil ich es dann wieder allen gebe und für meine Wünsche nichts bleibt. Und vor allem diese negative Erfahrung, dann wieder gut genug zu sein, denn zur Zeit stehe ich allein da. Meine finanzielle Situation ist mehr als stressig, ich habe Schulden, eben weil ich es immer allen recht machen wollte, weil ich immer versucht habe, dass es allen in der Familie gut geht, speziell meinem Mann, der mich immer wieder seelisch malträtieren konnte, wenn er etwas haben wollte. Wohlstand und Überfluss kenne ich schon seit meiner Kindheit nicht, weder an Geld noch an Liebe. Das Resonanzgesetz besagt doch, dass man das zurückbekommt, was man gibt. Ich bekomme von all der Liebe, die ich gebe, und der Sorge für meine Mitmenschen nichts zurück. Dazu trägt auch meine Familie bei, es ist für sie immer selbstverständlich, was ich leiste.

Antwort: Wir ehren dich zutiefst. Ja, du hast recht. Das Resonanzgesetzt besagt etwas. Du manipulierst es jedoch. Du willst es einseitig beeinflussen. Dieses Gesetz lässt sich aber nicht manipulieren, denn es empfindet das Ganze in dir. Es sieht ganz speziell diesen Teil in dir, der sich selbst ablehnt. Und sobald die Energie der Ablehnung mitschwingt, kann da nichts kommen, denn du lehnst es ja ab. Es ist keine Angst, die den Fluss aufhält, es ist die Taktik, die du als Kind bereits gelernt und beobachtet hast. Und sie lautet: Liebe gegen Geld. Bewunderung gegen Geld. Anerkennung gegen Geld. Trost durch Materielles. Fürsorge, Wertschätzung, alles im Austausch für Materielles. Deine große Sehnsucht nach Liebe und deine Erfahrung, die dir gezeigt hat, dass deine Sehnsucht dann erfüllt wurde, wenn du etwas Materielles erhalten hast, hat sich tief in dein Bewusstsein eingeprägt. Die Angst davor, verlassen zu werden, ist der unendliche Drang danach, geliebt, anerkannt, bewundert, umsorgt und getröstet zu werden. Doch du bist die einzige Person, die das kann! Du bist die Meisterin auf Erden, die aus der ewigen Quelle der Liebe in deinem eigenen Herzen diese Kraft entfachen kann. Alles liegt in dir, und wir sind voller Freude, weil wir dir die kristallinen Dimensionen in dir zeigen können. Aktiviere sie, und lasse durch die Potenziale eines Meisters in deinem Energiefeld die Kraft wieder aus deinem inneren emportsteigen.

Frage: Ich habe mich jetzt von meinem Mann getrennt. Ich bekomme mehr Stunden im Pflegeheim, denn da arbeite ich, weil ich das Geld brauche, und mache das Beste draus. Doch meine geliebte Praxis, in der ich am liebsten Tag und Nacht wäre, trägt sich so grade, dabei hängt mein Herz an ihr. Warum blockiere ich immer völlig, wenn mein Chef oder ein Studierter mit mir spricht oder in einer Runde ist? Was halte ich noch fest, wer löst mir die Fesseln? Ich brauche Antworten auf meine Fragen, die so alt sind wie ich selbst. Ich lebe in einer Wohnung, in der alles kaputtgeht oder ist. Wo in mir ist die Blockade, die mich so ausbremst und immer einsamer macht?

Antwort: Du bist es! Du bist die Blockade, und du bist die Studierte. Du führst dich an der Nase herum, und du fesselst dich. Verstehe bitte, was wir sagen, und lies es nicht nur, nicke, und gehe weiter, so wie du es immer getan hast. Verstehst du, was wir sagen? Die Fragen sind viel älter, als du denkst. Du schleppst sie durch Zeitalter und Jahrzehnte. Leben um Leben sind es immer die gleichen Fragen. Dein Energiekörper ist angefüllt mit Frustration darüber, und du musst genau da beginnen. Sei offen für die Angebote, die du in deinem Leben bekommen wirst, an diesen Emotionen zu arbeiten. Befreie dich davon, denn sie sind der Schlüssel für dich, um aus diesem Gefängnis, lasse es uns so ausdrücken: herauszuschweben. Ganz leicht und befreit wirst du dich dann über alles erheben, deine Frage wieder lesen und zu dir selbst sagen:»Was war ich doch töricht«, und doch dankbar für diese Erfahrung sein. Und dann wirst du die Verwandlung erleben. Du wirst neben dem Tor auch die Weitblickende sein. Du wirst neben der Studierten auch die Praktische sein. Du wirst neben der Blockierten die Befreite sein. Du wirst neben der Sicherheitsgesteuerten auch die Pionierin sein. Du wirst neben der Ängstlichen dann die Mutige sein. Du wirst alles sein, was du wählst. Du hast dann die freie Wahl. Wofür entscheidest du dich dann?

Frage: Die aktuellste Frage, die sich mir stellt, ist, worein ich mein Geld aktuell investieren kann. Woher nehme ich angesichts der anstehenden globalen Krise im Finanzwesen das (Selbst)vertrauen und das innere Wissen, die richtige Entscheidung zu treffen? Ich hatte in den letzten Wochen den starken Impuls, meine Ersparnisse von der Bank abzuheben und vorerst in bar zu behalten. Dies war eine klare innere Aufforderung, der ich jetzt einfach mal gefolgt bin, auch wenn ich noch nicht weiß, ob und wozu sie gut sein wird.

Antwort: Gratulation! Ja, du bist deinem Herzensimpuls gefolgt und hast für dich entschieden, was in diesem Moment das höchste aller möglichen Energiepotenziale enthalten hat. Und genau so, wie dieser Herzensimpuls dich dazu veranlasst hat, die Entscheidung zu treffen, viele bunte Papierscheine in der Hand zu halten, wirst du dich wiederum von deinem Herzen leiten lassen, wenn du jemandem in deinem Leben begegnest, dem du das Geld anvertrauen möchtest. Vielleicht möchtest du es in dich investieren? Vielleicht möchtest du es in ein Projekt investieren, das zur Bewusstseinsveränderung auf der Erde einen Beitrag leisten wird? Du wirst mit einem liebenden Herzen vermehrt auf diese Menschen treffen, die genau das Gleiche wollen wie du: dem Leben wieder das gute Gefühl einzuhauchen, das es zu einem kraftvollen überfließenden Wunder machen wird. Dein spirituelles Geldbewusstsein wird dir ganz genau mit einem reinen Gefühl zeigen, wo du deine Energie hineinbringen kannst. Warte so lange ab, bis dieses Gefühl auf der reinsten Ebene angelangt ist. Wann ist es so weit? Du wirst es wissen – die höchste göttliche Weisheit in dir wird es dir zuflüstern!

Frage: Wie schaffe ich es, mir nicht länger selbst im Weg zu stehen?
Ich kann zwar versuchen, mich mit Transfirmationen umzupolen und auch in das neue Bewusstsein eintreten, aber ich vertraue mir selbst und meiner inneren Macht nicht, deshalb habe ich bisher noch keine Erfolge erzielt. Wie kann ich das nachhaltig ändern?
Antwort: Diese Zweifel kommen aus deinem Verstand. Dieser Schlingel wehrt sich natürlich wie eine Schlange und versucht, zu entkommen. Dies wird auch so lange geschehen, solange du ihn überlisten möchtest. Wir haben das nun Äonen beobachtet und gesehen, wie dieses Geschenk dem Menschen zunutze sein kann und wie es ihm gleichzeitig im Wege stehen kann. So dual sich der Mensch entwickelt

hat, so interdimensional ist er gleichzeitig – so auch der Verstand. Versuche nicht, ihn zu überlisten, sondern lade ihn ein, ein Teil dieser interdimensionalen Transformation zu sein, in der sich deine Spezies, die Menschheit, gerade befindet. Eine Lösung, die dir angeboten wird, ist die Verschmelzung. Herz und Verstand können jetzt eins werden. Nutze die Energiesuppe, in der du schwimmst. Jeden Tag wird diese aufs Neue mit einer wohlschmeckenden Zutat versehen, die der ganzen Menschheit mehr Einsicht und Klarheit verleiht, um sie darin zu unterstützen, sich für diesen Verschmelzungsprozess zu öffnen. Das, was das Einheitsbewusstsein ist, wurde grob missverstanden. Du musst nicht eins mit allen Menschen auf der Erde sein. Du darfst eins werden mit allen Teilen von dir. Dein Verstand wird eins mit dem Herzen, dein höheres Bewusstsein wird eins mit deinem Alltagsbewusstsein, dein Mannsein wird eins mit deinem Frausein, und alle deine Aspekte

verschmelzen miteinander, sie balancieren sich aus, und du wirst wieder eins mit der Meistermatrix. Wieder ganz und wieder vollkommen. Doch sei auf der Hut, denn viele Menschen wollen dir einreden, dass sie dir etwas geben können. Wende dich ab, wenn du das hörst, denn es ist nicht so. Sie sind selbst noch nicht in dieser Einheit und leben ein altes Konzept. Folge Menschen, die dir davon berichten, dass du vollkommen bist, und die dir helfen wollen, dies wiederzuentdecken. Nicht von außen, sondern durch die Erinnerung an das in dir bereits Vorhandene.

Wir sind etwas abgeschweift und kommen nun wieder zu deiner eigentlichen Frage zurück. Wir haben dir über das Channel eine Zahlenmatrix zukommen lassen. Was glaubst du, welcher Teil von dir sich dafür interessiert? Dein Herz? Deine Seele? Dein höchstes Bewusstsein? Wir sehen dein Kopfschütteln. Nein, natürlich ist es der Verstand. Lade ihn also dazu ein, Teil dieser Transformation zu sein. Füttere ihn mit dem, was er liebt. Ja, dein Verstand kann lieben, denn auch diese Verschmelzung findet statt. Dein Herz und dein Verstand werden eins, sodass du mit deinem Herzen denken und mit deinem Verstand fühlen kannst. So gib ihm für die kommende Zeit die kristalline Information auf seine Weise. Lasse deinen Verstand sich auf diese Weise erinnern, die er gewohnt ist. Kristallines Bewusstsein über die Matrix der Zahlen ist das größte Geschenk, das wir dir und der Menschheit geben können in dieser Zeit. Nutze es weise und gut!

Frage: Was kann jeder Einzelne direkt für diejenigen tun, die unter der momentanen Wirtschaftslage am meisten leiden, z. B. unter Arbeitslosigkeit oder Marginalisierung?

Antwort: Die Antwort wurde bereits gegeben. Zeige ihnen, wie sie aus ihrer Lethargie herauskommen können. Zeige ihnen, wie sie die Kraft ihrer Gedanken und Emotionen besser einschätzen können. Berichte ihnen davon, dass die Vollkommenheit in ihnen lodert und sie diese kleinen Flammen wieder entfachen können. Sie können so groß werden, dass in diesem Kraftfeuer alles verbrennt, was diese Menschen bisher in ihrem alten Bewusstsein festgehalten hat. Berichte ihnen in Worten davon, die sie verstehen, von Beispielen aus deinem Leben, und lasse sie teilhaben an deiner Transformation. Kinder lernen dann am liebsten, wenn sie ihre Eltern dabei beobachten können, was diese tun. Alle Kinder dieser Erde lernen so, und auch die Erwachsenen lernen so am besten. Lasse die Menschen also ein Teil deines Lebens sein und für sich erforschen, wo dein Lächeln herrührt. Gib ihnen einen Einblick, und lasse sie erkennen, was dein lichtes Strahlen verursacht. Versuche nicht, sie zu verändern, gib ihnen ihre Zeit, ihren Weg zu gehen, ihre Erfahrungen zu machen. Sei ein Vorbild, sei Pionier!

Frage: Wird es dem französischen Staatspräsidenten Hollande gelingen, ein Gegengewicht zu Merkels Sparpolitik zu schaffen?

Antwort: Diese beiden geliebten Seelen sind nicht frei. Sie sind eingesperrt in einem Gefängnis aus Macht und getrieben von denjenigen, die im alten Bewusstsein noch immer ihre Erfüllung bekommen. Die Erfüllung des aus dem Außen Kommenden, die Erfüllung in der Macht.

Merkel und Hollande haben sich dazu entschieden, die Marionetten des alten Bewusstseins zu sein. Die derzeitige Politik ist ein ausgedientes Machtsystem und kann sich nur dann verändern, wenn immer mehr Menschen Bewusstheit entwickeln. Dieses System, in dem ihr lebt, wird sich verändern. Doch bitte, sei noch eine Zeit lang geduldig. Es wird noch mindestens bis 2015 dauern, bis die ersten Veränderungen sich deutlich zeigen und du erkennen wirst, dass sie dem Licht, der Liebe und dem Herzen entspringen.

Frage: Ist es sinnvoller, an Spendeninstitutionen zu spenden oder direkt an Menschen aus dem näheren Umfeld?

Antwort: Auch dabei fühle genau hin, in welchem Bewusstsein sich die Institution oder der Mensch befindet. Sie werden an dein Mitgefühl appellieren, denn darin sind sie gut. Sie wissen genau, wie sie dich in deinem Herzen erreichen können, denn das haben sie gelernt. Was jedoch mit diesem Geld geschieht, das sie von dir bekommen, das wird über das Bewusstsein gelenkt. Du kannst es also nur über dein reines Gefühl entscheiden und dir genau ansehen, welche Menschen in den Institutionen das Geld verteilen und worein die einzelnen Menschen es investieren. Verändern die Empfänger nicht ihr Bewusstsein, bringt es sie nicht weiter. Sie bleiben in ihrem Gefängnis und werden sich weiter im Kreise drehen. Möchtest du das unterstützen? Spenden bekommen eine ganz neue Bedeutung, denn Hilfsbedürftige werden immer hilfsbedürftig bleiben, solange sie sich entscheiden, es sein zu wollen. Bewusst oder unbewusst, das ist nicht die Frage. Mit diesen Spenden hältst du jedoch das alte, ausgediente Bewusstsein weiter am Leben, du nährst und multiplizierst es. Du kennst die Antwort, alte Seele!

Frage: Ist es gut, sich öffentlich für soziale Gerechtigkeit zu engagieren, oder ist der »innere Weg« über Meditation und Gebet wirksamer und wichtiger?
Antwort: Was ist Gerechtigkeit? Wer entscheidet darüber? Du? Eine Institution? Eure Regierungen? Das Maß für Gerechtigkeit verändert sich mit dem Bewusstsein der gesamten Menschheit. Wenn mehr Menschen im Opferbewusstsein bleiben, wird auch der Bedarf nach mehr

Gerechtigkeit im herkömmlichen Sinne bestehen bleiben. Wenn aber immer mehr Menschen in das neue Bewusstsein eintreten und die Entscheidung treffen, die Verantwortung zu übernehmen, wird sich auch die Frage nach Gerechtigkeit neu stellen oder sogar vollkommen erübrigen. Selbstverantwortung benötigt keine Gerechtigkeit mehr. Natürlich befindet sich die gesamte Menschheit momentan in einer Übergangszeit, und das erschwert es vielen bewussten Menschen, in dieser noch nicht veränderten Welt zurechtzukommen. Bleibe integer, alte Seele! Und wage den Schritt in das unbekannte, neue Bewusstsein. Gib alles dafür, dass du dich von allen dir noch anhaftenden Erfahrungen und den Konzepten, die in deinem Kopf entstanden sind, befreist. Frage dich immer: Ist da in irgendeiner Weise Energie der neuen Zeit enthalten? Du wirst es klar spüren. Du wirst es deutlich wahrnehmen. Und wenn du diese Klarheit spürst, dann weißt du, dass es der

aktuellen Energiesuppe entspricht. Wir wissen, dass diese Zeit, in der du dich gerade befindest, dir auch alles Wissen zur Verfügung stellt, das du für deine Einschätzung brauchst. Frage dich also: Ist darin die Energie der neuen Zeit enthalten oder nicht? Stelle dir die Frage, wenn du dich öffentlich für soziale Gerechtigkeit einsetzen möchtest. Wir wollen dir hier noch eine Frage stellen: Auf welche Weise lernen Kinder am liebsten? Indem du ihnen eine Meinung aufzwingst? Oder indem sie beobachten und begreifen, warum, wie und wozu du etwas tust? Warum rebellieren die Kinder heutzutage so stark und werden in dem Erziehungssystem, das ihr immer noch betreibt, als krank eingestuft? Weil sie es nicht mehr akzeptieren wollen, dass dieses System weiterlebt. Und wir sagen euch, die neuen Kinder haben ein großes Durchhaltevermögen und viel Geduld. Sie werden ganz schnell resistent gegen all die Medikamente, die ihr ihnen verabreicht, und gehen dann weiter ihren eigenen, wahrhaftigen Weg. Sie bringen genau das mit, was du jetzt noch lernen musst, um dich in dieser Zeit zurechtzufinden. Warum widersetzen diese Kinder sich den Autoritäten und Regeln? Weil sie ein krankes System sehen, und weil sie ihre Lehrer sehen, die in diesem System völlig im Widerspruch zu ihrer wahren, sich verändernden Natur leben. Warum sollten sie auch jemandem folgen, der nicht authentisch ist? Sie wollen denjenigen folgen, die das, was sie tief in sich sind, zum Ausdruck bringen und echt sind. Sei also wahrhaftig gerecht, und dir wird gefolgt!

Frage: Was können meine Familie und ich dafür tun, künftig nicht mehr finanziell betrogen zu werden? Wir haben in den letzten Jahren viele Situationen erlebt, die sicherlich unserem Wachstum dienten, aber unangenehm waren. Wie können wir dieser Schleife entkommen? **Antwort:** Diese Frage ist prinzipiell bereits beantwortet. Und doch verbirgt sich in ihr eine wesentliche Erkenntnis über die Ganzheit eines Individuums und der komplexen energetischen Zusammensetzung eines Systems wie das einer Familie. Übernimm Verantwortung für dich, aber nicht für deine Familie. Teile dieses Prinzip mit deinen Lieben, und schaue, ob sie sich davon berührt fühlen. Gib ihnen lediglich eine Information, und lasse sie dann entscheiden, ob, wie und wann sie dieses Prinzip leben und wann sie die Entscheidung treffen, Verantwortung zu übernehmen. Bitte höre auf damit, Schöpferin, Schöpfer für deine Familie sein zu wollen. Im neuen Bewusstsein zählen die Ausbalancierung und die Weisheit zu den wesentlichsten Qualitäten, die es zu entwickeln gilt. Ein weiser Meister hat immer die Kraft und den Mut, seine Schüler leiden zu sehen, ohne dass er in deren Entwicklungsprozess eingreift. Ein Meister würde das Leiden seinem Schüler niemals abnehmen wollen, um sein eigenes Ego damit zu stärken. Tue also alles dafür, dass du deine volle Kraft wiederfindest und dich aus dem Alten befreist, dein spirituelles Geldbewusstsein entwickelst und gleichzeitig akzeptierst, dass es die Lieben um dich herum auf ihre eigene Weise tun müssen. Gib ihnen diese Freiheit, und befreie dich gleichzeitig selbst damit!

Frage: Wir möchten gern umziehen – ist es in der jetzigen Zeit besser, ein Haus zu bauen, zu kaufen, zu mieten ...?

Antwort: Was enthält für dich momentan die meiste Energie? Wie lauten deine Entscheidungen für die Zukunft? Eine der wesentlichsten Grundsätze dieser Zeit ist es, immer flexibel zu sein und dich jederzeit an die sich so schnell verändernde Welt anzupassen. Du kannst heute kaufen und morgen wieder verkaufen. Du kannst heute mieten und morgen kaufen. Du kannst Bestehendes nehmen und dir zu eigen machen, oder du kannst Neues erschaffen. Es ist an dir, dies zu entscheiden. Was hält die meiste Energie bereit? Die meiste Freude, die meiste Liebe? Was lässt dich enthusiastisch sein? Was sagt dein Herz? Wo zieht es dich überhaupt hin? Vielleicht heute hierhin, und morgen macht deine Liebe zum Leben dir ein anderes Angebot? Sei flexibel, deinem Herzen stets folgen zu können. Das ist das Wesentlichste. Wenn du die finanziellen Mittel besitzt, dich bei jeder Entscheidung auch für etwas Neues entscheiden zu können, dann genieße diesen Luxus. Wenn du jedoch gerade damit begonnen hast, deinem Herzen und deinem reinen Gefühl Vorrang zu geben, wenn es um Entscheidungen geht, könnte es sein, dass dies etwas anstrengend werden kann, wenn du zu viele unbewegliche Dinge besitzt. Was enthält in dieser Frage also momentan die meiste Energie für dich?

Frage: Ich handle mit Differenzkontrakten an der Börse, mit sehr kleinen Summen. Ich habe mir in vielen Jahren ein Konzept für den Börsenhandel erarbeitet und mir dabei auch Hilfe von Börsenprofis geholt. Die Methode ist gut und funktioniert, aber ich habe große Schwierigkeiten mit zwei Bereichen. Erstens: wirklich beim Konzept zu bleiben. Das haben allerdings viele Trader. Das zweite ist das Gefühl, das Bekannte mir vermittelt haben: Es ist verachtenswert, so etwas zu tun. Börse ist böse, und Trader sind das Allerletzte.

Antwort: Du bekommst diese Reaktionen deswegen, weil diese Menschen negative Assoziationen mit diesem System haben. Andere wiederum haben diese nicht und lieben es, sich darin zu bewegen und ihre Gewinne zu erzielen. Wenn wir deine Frage energetisch untersuchen, dann schwingt darin etwas ganz anderes. Du sehnst dich nach Befreiung aus einem alten System, das sich gerade selbst zerstört. Dieses System, dessen Grundenergie Gier und Macht sind, ist es, was an dir zerrt und dir keine Ruhe mehr lässt. Es möchte deine ganze Aufmerksamkeit und deine Feinfühligkeit ansprechen, und da du darauf nicht hörst und dich mit den ganzen Widersprüchen in dir selbst nicht mehr ernst nimmst, hast du aufgegeben. Du bist völlig orientierungslos und stützt dich deswegen auf deine alten Erfahrungen. Doch es schlägt dir wie ein zurückschnellendes Gummiband immer wieder um die Ohren. Du vertraust immer wieder bekannten, messbaren, ergebnisorientierten und in der Vergangenheit funktionierenden Methoden und investierst darein Geld, Aufmerksamkeit, deine Persönlichkeit und deine Zeit. Du merkst aber nicht, dass du, solange es die alten Systeme sind, deine Verzweiflung wie einen Bumerang wirfst, der dich schmerzhaft trifft, wenn er wiederkommt und dich mit deinen eigenen Anhaftungen konfrontiert. Deine Bekannten spiegeln dir nur deine eigene Wahrheit wider. Was wäre, wenn du die Konzepte loslassen würdest und dein Geld in etwas investierst, wo es echten Gewinn bringt? Wie würdest du dich fühlen, wenn du Projekte unterstützt, die der neuen Bewusstheit dienen? Wahrscheinlich würde dich das nicht so frustrieren, sondern froh und lebendig werden lassen. Das ist es, wonach du dich momentan am meisten sehnst. Höre auf diese Stimme, die schon so lange aus deiner Weisheit zu dir spricht. Wie weit möchtest du es noch kommen lassen, bevor du das endlich verstehst?

Frage: Eigentlich war ich seit meiner Kindheit mit materiellen Dingen gut versorgt. Mir fehlte nur die Liebe meiner Eltern. Das größte Problem war mein Vater. Er war ein erfolgreicher Geschäftsmann, ein charismatischer Typ. Im zweiten Weltkrieg war er Elitesoldat, und 1954, als ich geboren wurde, war der Krieg für ihn noch längst nicht beendet. Er trug den Krieg in die Familie, ich wurde regelmäßig geschlagen und aufs Übelste beschimpft. Es war der reinste Psychoterror für mich. Um zu überleben, habe ich mich in Krankheiten geflüchtet. Schon in jungen Jahren beschloss ich, auf keinen Fall so zu werden wie mein Vater. Die Sache hatte natürlich einen Haken: Unterschwellig schlich sich ein Programm in mein Unterbewusstsein ein, das sagte, ich will weder so brutal wie mein Vater sein noch so erfolgreich. Die Sache rächte sich also. In späteren Jahren wechselte ich häufiger den Arbeitsplatz. Das ging so weit, dass ich dann überhaupt nicht mehr arbeiten konnte und starke Depressionen bekam, und seit über 25 Jahren bin ich nun Hausmann. So kam ich auf die spirituelle Spur. Aber ganz zufrieden bin ich damit nicht. Dieses Programm, das mir den Erfolg und den Wohlstand verbietet und vorenthält, läuft im Hintergrund unterschwellig immer weiter. Meine Frage ist nun, wie kann ich dieses Programm, das so schwer zu fassen ist, auflösen?

Antwort: Nicht immer sind die menschlichen Programmierungen eine Hürde. Nicht immer sind bestimmte Erfahrungen negativ, denn sie führen dich im Laufe deiner ganz persönlichen Entwicklung zu den Lernschritten und geben dir die Möglichkeiten, mit dem Hintergrund des Erlebten deinen Plan umzusetzen. Den Plan, den du jetzt aber neu überdenken kannst. Oder besser: den Plan, den du jetzt mit der Wahrnehmung deines Gefühls und der Sehnsucht deines Herzens verändern kannst. So, wie er sich für dich jetzt am besten anfühlt. Vergib dir zuerst dafür, dass du dich einen großen Teil deines Lebens selbst dafür verurteilt hast. Vergib dir selbst die Erfahrungen in deiner Kindheit. Dadurch bringst du dich wieder in eine kraftvolle Position. Und dann sei deinem Vater dankbar dafür, dass du durch ihn diese Erfahrungen machen konntest. Denn deine Sanftheit und deine Liebenswürdigkeit, die wir spüren, sind ein Segen für deine Mitmenschen. Da ist so viel freudvolles Potenzial in dir, und das wird dir jetzt zugutekommen. Und jetzt müssen wir dir deine Frage gar nicht mehr beantworten. Fühlst du nicht, wie wohlhabend du bist? Kannst du dir dieses Feld von Liebe, Sanftmut und Einfühlungsvermögen mal ansehen? So viele Menschen sehnen sich nach genau diesen Attributen, und du kannst sie damit direkt und indirekt segnen. Du bist so wohlhabend. Fühlst du das? Und jetzt musst du auf dieser Basis des Wohlstandes und des Überflusses an Sanftmut und Frieden nur noch alle anderen Aspekte herbeiströmen lassen. Denn der Magnet ist bereits da. Du musst gar nichts auflösen, es löst sich durch das Bewusstsein darüber allein auf, während gleichzeitig das Neue hereinströmt und dich bereichert. Du bist ein Segen für diese Welt!

Frage: Immer wenn ich auf die Bank gehe oder einen Anruf von meiner Bank bekomme, dann fühle ich mich klein, und ich habe dann so ein Angstgefühl in meinem Herzen und meinem Bauch. Die dürften uns wegen unserer Schulden eigentlich nicht unter Druck setzen, da wir ja sowieso bezahlen und unser Haus auch zum Verkauf steht. Ich wünsche mir mehr Selbstvertrauen, wenn ich mit denen reden muss, nur beginne ich dann meistens zu weinen und bekomme kein Wort raus.

Antwort: Du hast Angst vor einem eindrucksvollen Gebäude mit kalten Fenstern. Du hast Angst vor einem Namen, der in der Gesellschaft eine machtvolle und einflussreiche Position erlangt hat. Du hast Angst vor einem System, das jahrzehntelang unbewusste Menschen ausgenommen hat und das der Befriedigung von niederer Gier diente. Das ist das Bild, das du kreiert und festgelegt hast, und davor hast du Angst. Ein großer Teil eurer Welt ist momentan völlig orientierungslos und hat keine kreativen Ideen, wie diese Situation gelöst werden könnte. Und weil die Menschen keine neuen Ideen entwickeln können, versuchen sie immer mehr, sich an dieses altbekannte Verhaltensmuster zu klammern, und hoffen, dadurch retten und aufrechterhalten zu können, was sie erschaffen haben. Doch wie wir bereits gesagt haben: Dieses System zerstört sich dadurch, und zum Wohle des Ganzen, gerade selbst. Du kannst diese Energie nur durchbrechen und sowohl deine als auch die Gesamtsituation verändern, indem du die Kraft deines Herzens, der Liebe und des Mitgefühls nutzt. Dieser Mensch, der dich anruft, wird genauso geliebt wie du. Dieser Mensch ist genauso auf der Suche nach Wertschätzung und Mitgefühl und möchte nur eines: seine Erfüllung in der Liebe des allerhöchsten Bewusstseins entdecken. Dieser Mensch ist jedoch noch nicht so weit entwickelt, wie du es bist. Du bist eine kraftvolle Pionierin, die alle Gesetze der neuen Zeit kennt. Habe Mitgefühl mit diesem Menschen, verurteile ihn nicht länger, und schenke ihm allen Respekt für seine Situation.

Er ist alles andere als machtvoll. Er hat das Gefühl, die letzten Rettungsversuche zu unternehmen, seine Welt ist gerade dabei, in sich zusammenzufallen. Sei du dir ganz sicher, dass du in deinem Herzen und der Kraft deiner Liebe alles trägst, was für die Transformation dieser Situation notwendig ist, und habe Geduld. Denn wann genau die neue Zeit auf großer Ebene sichtbar wird und sich der größte Teil der Menschen für das echte Leben öffnet, ist noch nicht deutlich. Mache dir bis dahin also immer wieder die Vollkommenheit deines Geistes, deines Herzens und deines Menschseins bewusst, und schöpfe daraus das Selbstbewusstsein, das du benötigst. Niemand anderes als du selbst kann diese Weisheit in dir entdecken, doch sie ist da. Transformiere deinen Verstand, und lade ihn ein, die Quelle der göttlichen Weisheit zu sein. Wir geben dir diese Codierung aus der kristallinen Zahlenmatrix dafür: 1 0 7 3 8 9 2 2 1 6 1 0. Stelle sie deinem Verstand immer wieder zur Verfügung, lasse ihn damit verschmelzen. Er wird alles Notwendige daraus absorbieren, die göttliche Weisheit in sich zum Ausdruck bringen und die kristalline Botschaft in dein Bewusstsein integrieren: »Die göttliche Weisheit öffnet den universellen Zugang zu den höheren Dimensionen der Matrix des Ausgedehntseins über das menschliche Bewusstsein hinaus.«

Frage: Die Seele sucht sich ja ihre Inkarnation aus, also weiß sie auch, dass sie z. B. Mangel erleben und erfahren wird und dann auch mit wenig Geld auskommen muss. Braucht die Seele diese Erfahrung des Mangels? Darf/kann sie dann überhaupt ein Leben in Wohlstand und Fülle erreichen? Oder ist das die Aufgabe, den Mangel zu überwinden?

Antwort: Liebe Seele, wie viele Erfahrungen brauchst du noch, um das Geschenk der Freiheit in dieser Erdenzeit zu akzeptieren? Warum öffnest du nicht die Türen dafür, dein Sein endlich zu vereinen? Lieber Mensch, warum trennst du immer noch so sehr dein Seelenbewusstsein von deinem menschlichen Bewusstsein ab? Wenn du dich als multidimensionales Wesen wahrnimmst und dich dafür öffnest, dass dein Seelenverstand und dein Geistverstand sich nicht mehr voneinander abwenden wollen, sondern beide darauf warten, sich zu vereinen, wirst du ein grandioses Feuerwerk in deinem Alltagsleben entfesseln. Es ist die Hochzeit des Königssohnes mit der Tochter aus dem Volk. Es ist die Verschmelzung von Yin und Yang. Und wenn diese Vermählung vollzogen ist, wird sich in deinem Bewusstsein eine neue Kraft entwickeln: die Kraft der freien Wahl. Du kannst dann wählen, ob du weiterhin dem Seelenplan folgen möchtest, oder ihn verabschiedest, dich davon befreist und einen neuen wählst. Du hast zu dieser Lebzeit die Wahl. Du darfst das erste Mal mit deinem menschlichen Geist hinter die Kulissen schauen. Du hältst in diesem Leben die Eintrittskarte in der Hand, um die heiligen Räume der Lebensplanung zu betreten, und kannst durch deine Multidimensionalität quasi auf der Zeitlinie zurückgehen und die Korrekturen vornehmen, die du mit deinem höchsten Weisheitsbewusstsein sicher überblicken kannst. Du hast also die Wahl. Wofür entscheidest du dich? Für Mangel oder für Wohlstand?

Und was kommt jetzt?

J etzt möchte ich dich dazu einladen, dich selbst als die Quelle deiner Ganzheit kennenzulernen. Mithilfe von Meditationen kannst du auf einer tiefen Ebene erfahren, wie es sich anfühlt, wieder vollkommen ganz zu werden, und du wirst die Energie aus deinem eigenen Inneren holen. Du kannst das kristalline Bewusstsein wie eine Art der Vermählung erfahren und ganz darin aufgehen. Dann wirst du dich wieder erinnern können, was es bedeutet, ein Leben im Superflow zu erfahren und Meisterin, Meister in etwas so Bedeutendem wie dem Leben zu sein.

Das ist es, was ich mit diesem Buch in die Welt bringen möchte. Das ist es übrigens auch, was die Meister der 12. Dimension wollen. Sie wollen dich als Freund unter ihresgleichen aufnehmen. Sie wollen, dass du die ganze 12. Dimension verkörperst und sie in deinem Alltagsuniversum zum Ausdruck bringst. Sie wollen, dass du die kristalline Kraft in deinem Inneren zum Ausdruck bringst. Für dich! Und wenn du es durch deinen Erfolg anderen vormachst, wenn dein neuer Wohlstand, dein Vertrauen und dein Überfluss bei anderen etwas auslöst, dann werden es dir die anderen Menschen um dich herum nachmachen. Denn deine Ganzheit und dein authentisches Wesen werden bei ihnen etwas auslösen. Sie fühlen sich angezogen von dieser Art des Lifestyles, sie wollen auch diese Energie ausstrahlen. Du bist zu einem Vorbild geworden. Und das wird dir Überfluss bescheren. Denn Menschen werden dir viel dafür bezahlen, wenn sie das, was du in deinem Energiefeld trägst, auch haben können. Niemand kann durch das Kopieren eines anderen dieses Feld aufbauen. Jeder muss sein eigenes wahrhaftiges Feld entwickeln, doch genau das ist das Wertvolle an dieser Zeit: Der Zeitpunkt, an dem du diese Botschaft liest, ist genau der richtige für dich. Die Energiesuppe, in der du schwimmst, ist genau die richtige für dich, um diese Energie in dir zu entdecken und zum Ausdruck zu bringen. Also, worauf wartest du?

Danke für deine Offenheit, dieses Buch zu lesen. Ich würde mir wünschen, dass so viele Menschen wie nur möglich von dem Prinzip der Ganzheit erfahren. Dann können sie sich an die kristalline Dimension erinnern, die den ca. 95 % der DNS entspricht, deren Funktion die Wissenschaft bis jetzt nicht erklären kann! Es ist, als ob du Geschichte schreibst, denn dadurch, dass dieses Bewusstsein nun in dir und anderen erwacht, wird es den Planeten zu dem Ort des Friedens machen, nach dem wir uns seit so langer Zeit alle sehnen.

Über den Autor

Bereits im Alter von 25 Jahren begann Thorsten Weiss, sich intensiv die Frage nach dem Sinn des Lebens zu stellen, und wurde durch viele große Herausforderungen immer wieder dahin geführt, »hinter die Kulissen« des Daseins zu schauen. Heute ist er Coach für Neues Bewusstsein, Meditation und Selbstheilung und erfolgreicher Autor. Als inspirierender Seminarleiter begeistert er seine Zuhörer und führt sie mit seinen geführten gechannelten Meditationen in tief greifende Heil- und Transformationsprozesse. Mit seiner Arbeit zeigt er den Menschen, wie sie wieder in ihre volle Kraft zurückfinden können, um chronische Krankheiten und Krebs selbst heilen zu lassen, Körpergewicht zu reduzieren und ihre Ernährungsgewohnheiten neu auszurichten. Aus der Perspektive der Vollkommenheit lehrt er, die eigene Kraft so zu fokussieren, dass der Rückweg in die eigene Wahrheit einfach zu finden ist. Thorsten Weiss hat eine einfache Botschaft: »Wir leben in einer Zeitenwende, in der vieles bislang Undenkbare möglich wird. Genau jetzt ist der richtige Moment, dieses neue Bewusstsein zu aktivieren, um das eigene Leben gemäß den wahren Wünschen und Vorstellungen zu gestalten. Und jeder ist dazu in der Lage.«

Regelmäßig bietet er Seminare, Vortrags-, Meditations- und Erlebnisabende an. Er lebt mit seiner Partnerin in den Niederlanden.

Zum spirituellen Geldbewusstsein gibt es auch einen intensiven Fernkurs inklusive CD-Paket unter dem Titel »Die Energie des Geldes«.

Weitere Informationen unter: www.behealed.de

Die CD zum Buch

Thorsten Weiss:
Spirituelles Geldbewusstsein – Die Transfirmationen
Audio-CD, ca. 77 Min.
ISBN 978-3-8434-8215-8

Auf dieser CD finden Sie alle Transfirmationen des Buches in derselben Reihenfolge. So intensivieren Sie die Arbeit mit ihnen. Außerdem können Sie die CD bei jeder Gelegenheit hören, beim Autofahren, bei der Hausarbeit, beim Joggen, und sich dadurch passiv von den Botschaften anregen lassen. Dabei dringen diese tief in Ihr Unterbewusstsein.

Außerdem im  Schirner Verlag erschienen:

Thorsten Weiss
Mit dem reinen Gefühl unendliche Möglichkeiten entdecken
184 Seiten, ISBN 978-3-8434-1027-4

Erleben Sie den Wandel nicht nur, gestalten Sie ihn mit!

Das Leben gezielt so zu gestalten, wie man es haben möchte, ist in der neuen Zeit nur eine Frage der Einstellung. Wer mit der reinen Kraft des Urvertrauens in die eigenen Fähigkeiten im Einklang steht, für den ist keine Herausforderung zu groß. Er kann sich bei der Urquelle aus einem unerschöpflichen Fundus von Möglichkeiten bedienen und einfach alles, was er erreichen möchte, Wirklichkeit werden lassen.

Thorsten Weiss
Lebensziele umsetzen
112 Seiten, ISBN 978-3-8434-5043-0

Unterwegs zu sich selbst

Erreichen Sie Ihre Lebensziele ganz leicht: Thorsten Weiss hat die »Meister-Matrix« entdeckt. Wenn Sie dieses System von zwölf Fähigkeiten entwickeln, werden Sie zur Vollkommenheit finden. Das ist heute leichter denn je. Kommen Sie in Übereinstimmung mit Ihrem wahren Wesen, und führen Sie ein Leben voller Wunder!

CDs von Thorsten Weiss:

Thorsten Weiss
In Resonanz mit deiner Seele
Audio-CD, ca. 45 Min., ISBN 978-3-89767-889-7

Das Geheimnis der Anziehung

Wer genau die Dinge in sein Schwingungsfeld aussendet, die er in sein Leben ziehen möchte, wird ein Wunder nach dem anderen erleben. Dies geschieht nach dem Gesetz der Anziehung. Mit dieser CD können Sie die magnetische Kraft im kosmischen Gitternetz aufbauen und Meister Ihrer Kreationen werden.

Thorsten Weiss
Männer – Körper und Männlichkeit
Audio-CD, ca. 50 Min., ISBN 978-3-8434-8216-5

Der Mann der neuen Zeit

Klassische Rollenbilder haben ausgedient. Männer und Frauen leben heute ganz selbstverständlich sowohl ihre weichen, passiven wie ihre starken, aktiven Aspekte aus und sind so der eigenen Ganzheit deutlich näher. Doch viele Männer sind auch verunsichert, wo sie hart sein dürfen, wo weich, wann sie geben müssen und wann nehmen dürfen. Die Transfirmationen helfen speziell Männern, mit Themen wie Selbstliebe, Freundschaft, Partnerschaft und Sexualität ins Reine zu kommen und so ihr wahres Wesen freudvoll zu entfalten.

Der Transformationsprozess beginnt in der Küche.

Thorsten Weiss & Jenny Bor
Being Slim
112 Seiten, ISBN 978-3-8434-5038-6

Verbünden Sie sich mit Ihrem Körper!

Kalorienzählen, Diätpläne, Fitnessstudio ... Wer abnehmen will, muss leiden, oder? Nein: Wenn Sei die richtigen Grundlagen im Unterbewusstsein legen, geht es wie von selbst. Entdecken Sie, welche inneren Programme an den Fettpolstern festhalten, welche irrigen Überzeugunen Sie immer wieder zur Chipstüte greifen lassen – und wie Sie all das ganz einfach transformieren können. Wenn der Körper sein Okay gibt, lässt sich die Wunschfigur problemlos erreichen und halten.

Thorsten Weiss & Jenny Bor
Zellleuchten
112 Seiten, ISBN 978-3-8434-5042-3

Warum Gott kein Fast Food isst

Gehen Sie tiefer als all die Ernährungslehren, die Ihnen dieses empfehlen und jenes verbieten wollen. Entdecken Sie die energetischen Ebenen und Schichten der Nahrung! Ein respektvoller Umgang mit Lebensmitteln, Freude bei der Zubereitung und Aufmerksamkeit und Dankbarkeit beim Essen beeinflussen die Wirkung der Nahrungsmittel im Körper viel mehr als etwa ihr Nährstoffverhältnis.
Gönnen Sie sich energetisch hoch schwingendes Essen, und bringen Sie Ihre Zellen zum Leuchten!